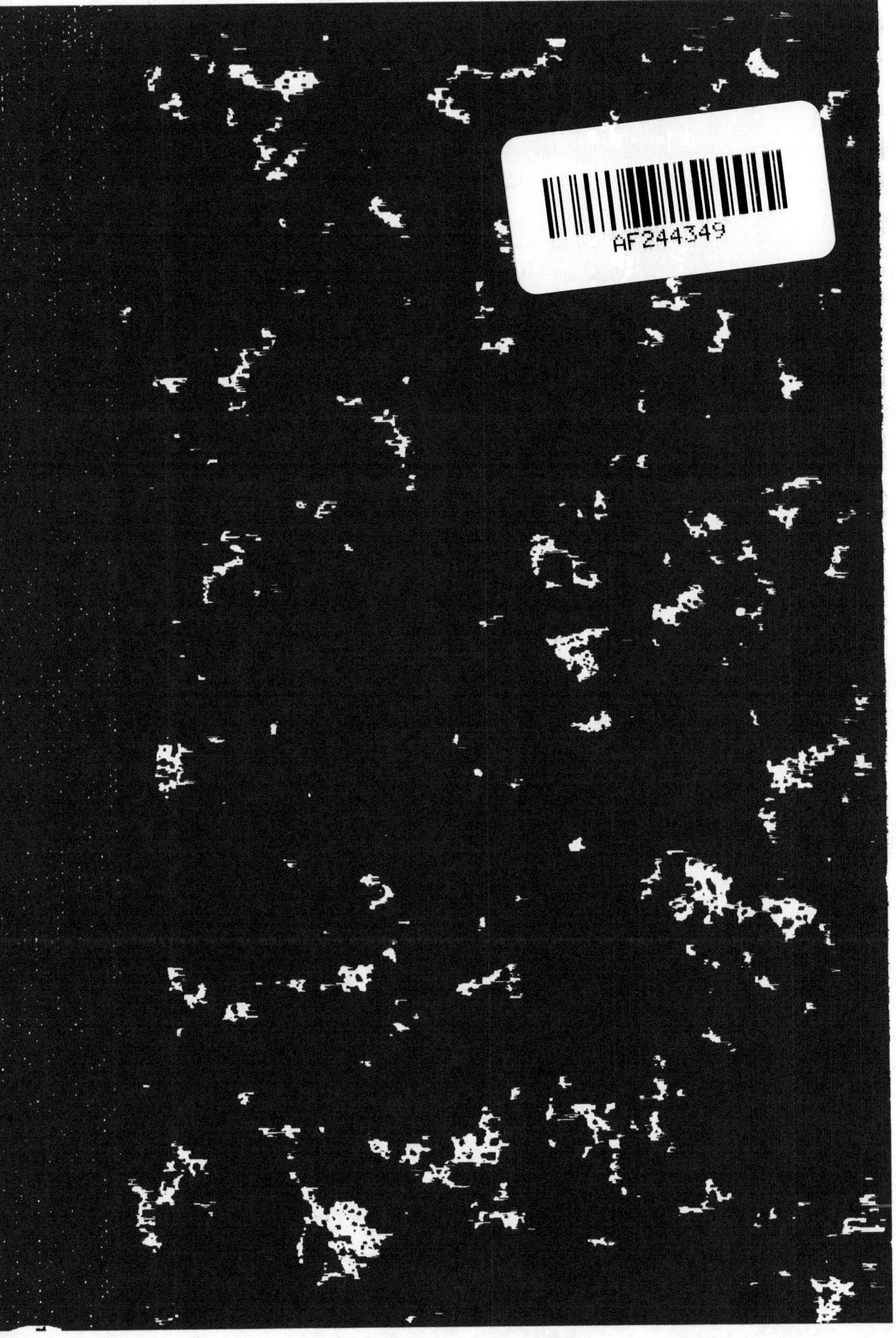

AF244349

DÉCLARATION

DU ROI D'ANGLETERRE,

RÉFUTÉE

PAR LA CORRESPONDANCE DE SES MINISTRES.

———

EXTRAIT DU MONITEUR, N°. 330.

———

1806.

DÉCLARATION

DU ROI D'ANGLETERRE,

RÉFUTÉE

PAR LA CORRESPONDANCE DE SES MINISTRES.

DÉCLARATION DE S. M. BRITANNIQUE.

LES négociations dans lesquelles Sa Majesté était entrée avec la France, s'étant terminées sans succès, le roi juge convenable de faire à ses sujets et à l'Europe entiere, une déclaration publique des circonstances qui ont amené un résultat si affligeant pour S. M. Elle n'a rien plus à cœur que la conclusion d'une paix sûre et durable. Elle déplore la continuation d'une guerre qui trouble le bonheur de tant de nations, et qui, malgré tous les succès qui accompagnent ses armes, est si onéreuse à ses fideles et affectionnés sujets. Mais elle a la confiance qu'il n'y a plus aujourd'hui, soit dans ses Etats, soit dans les autres parties de l'Europe, qu'un seul sentiment, celui d'une conviction encore plus intime que le rétablissement de la tranquillité générale n'est retardé que par l'injustice et par l'ambition de l'ennemi.

Le Gouvernement français, non content des acquisitions immenses qu'il a faites sur le Continent, persévere encore dans un système destructif de l'indépendance de toutes les autres nations. La guerre se poursuit, non pour obtenir de la sécurité, mais pour faire des conquêtes ; et les négociations de paix paraissent n'avoir eu d'autre objet que d'inspirer aux puissances voisines une

A

fausse sécurité, pendant que la France préparait, combinait et exécutait ses projets continuels d'envahissement et d'aggression.

Sa conduite, pendant les dernieres discussions, n'a offert que trop de preuves de cette disposition.

La négociation commença par l'offre que fit le Gouvernement français de traiter de la paix sur la base d'une possession actuelle, qui fut présentée comme susceptible d'admettre une compensation mutuelle, et l'on y ajouta en outre l'assurance que les Etats allemands de S. M., qui avaient été attaqués sans le plus léger prétexte d'hostilités, seraient restitués.

Une telle proposition parut à S. M. offrir un fondement équitable de négociations : elle fut en conséquence reçue avec la réserve que la négociation serait conduite par S. M. de concert avec ses alliés.

Cette base n'eut pas été plutôt admise et consentie de part et d'autre que l'ennemi s'en écarta, et sur des points d'une si haute importance, que S. M. fut aussitôt obligée de déclarer qu'à moins que le principe proposé par la France elle-même ne fût maintenu, les communications ouvertes entre les deux gouvernemens, allaient être à l'instant fermées.

Cette déclaration amena, de la part de la France, de nouvelles protestations sur la disposition où elle était de faire des sacrifices considérables pour arriver à la paix, si l'on voulait continuer les négociations; et en même tems on élevait des difficultés sur l'insuffisance des pouvoirs de la personne que S. M. avait chargée de faire cette communication. En conséquence, des mesures furent prises par S. M. pour ouvrir une négociation réguliere, par des ministres duement autorisés, afin de s'assurer d'une maniere satisfaisante et authentique, s'il était possible d'obtenir une paix honorable pour le roi et ses alliés, et compatible avec la sûreté générale de l'Europe.

Pendant ces entrefaites, un ministre, envoyé par l'empereur de Russie et chargé de traiter pour le même objet , de concert avec le gouvernement de S. M. , fut amené par les artifices de l'ennemi à signer un traité séparé , à des conditions également contraires à l'honneur et aux intérêts de S. M. I.

Sans se laisser ébranler par cet événement inattendu , le roi continua à traiter sur les mêmes principes qu'auparavant. Il se reposa avec une confiance que l'expérience a bien justifiée , sur la bonne foi et la fermeté d'un allié , avec lequel il avait commencé de concert la négociation , et dont il avait , pendant tout le cours de la discussion , défendu les intérêts comme les siens propres.

Le Gouvernement français , au contraire , fier de cet événement comme de la victoire la plus importante et la plus décisive , se départit chaque jour davantage de ses engagemens et des offres qu'il avait faites. Non-seulement il prit sur lui de changer , à son gré , la base de la négociation avec la Grande-Bretagne , mais il viola , sur des points encore plus importans , tous les principes de la bonne foi envers la Russie. Le principal appât offert à cette puissance pour prix des sacrifices arrachés à son ministre , avait été la conservation de l'Allemagne. Cependant , avant que la décision de la Russie sur ce traité pût être connue , la France avait déjà anéanti la forme et la constitution de l'Empire germanique. Elle avait fait passer sous son joug une grande portion des États et des provinces de cet Empire ; et non contente de fouler ainsi aux pieds des engagemens si récens , elle avait , dans le même tems , excité la Porte ottomane à des mesures subversives de ses engagemens avec la Russie.

Une telle conduite envers S. M. , envers ses alliés et envers toutes les nations indépendantes , avait laissé si peu d'espoir d'une issue favorable de la négociation , que les plénipotentiaires du roi demandèrent leurs passeports pour revenir en Angleterre.

Cette demande fut d'abord éludée par des délais sans prétextes comme sans exemple , et ensuite le

Gouvernement français, en faisant quelques concessions matérielles et en donnant à entendre que, dans le cours d'une discussion ultérieure, il pourrait en faire de plus importantes, amena la reprise des conférences, qui se traînèrent de jour en jour jusqu'à ce qu'enfin on annonça dans Paris que l'empereur de Russie avait rejeté avec indignation le traité séparé, conclu sans autorisation par son ministre.

En conséquence de cet événement important, le ministre de S. M. reçut les assurances les plus fortes que la France était disposée à faire les plus grands sacrifices pour conclure la paix avec l'Angleterre, et rendre la tranquillité au Monde.

Il paraît cependant que le but de ces assurances était d'engager S. M. dans une négociation séparée, et dont ses alliés seraient exclus : proposition qui avait été rejetée dans le principe, et que S. M. pouvait encore moins admettre à une époque où la conduite de la Russie lui imposait une nouvelle obligation de ne point séparer ses intérêts de ceux d'un allié si fidele. Le roi refusa constamment de prêter l'oreille à ces ouvertures insidieuses ; mais S. M. prit les moyens les plus efficaces pour écarter tous les prétextes de retard, et pour accélérer, s'il était possible, l'heureuse issue de la négociation. Les communications confidentielles qui avaient soigneusement et constamment été entretenues avec la Russie, mirent S. M. à portée de spécifier les conditions auxquelles cette puissance consentirait à faire la paix. En conséquence le plénipotentiaire anglais reçut ordre de faire à la France, par addition à ses propres demandes, celles de son allié, de réduire celles-ci en articles à part, et même de conclure sur cette base un traité provisoire, dont l'effet n'aurait lieu qu'après l'adhésion de la Russie.

La France, après quelques objections, consentit à suivre ce mode de négociation. Il fut fait alors à S. M. des propositions qui se rapprochaient plus qu'auparavant des premières bases de la négociation ; mais elles étaient encore bien loin des conditions sur lesquelles S. M. n'avait cessé d'insister, et auxquelles l'Angleterre avait plus que jamais le droit de prétendre ; et le rejet formel des justes demandes de la Russie , aussi bien que le refus des conditions proposées par S. M. en faveur de ses autres alliés , ne laisserent plus au roi d'autre parti à prendre que d'ordonner à son ministre de terminer cette discussion et de revenir en Angleterre.

Cette exposition courte et simple des faits n'a pas besoin de commentaires. Les premieres ouvertures qui ont amené la négociation , ont été faites par l'ennemi , et S. M. les a écoutées avec un désir sincere de la paix. Chaque proposition qui a pu faire entrevoir la perspective la plus éloignée d'un accommodement , a été saisie avec avidité , et la négociation n'a point été rompue tant qu'on a conservé la plus légere espérance de lui voir prendre une heureuse issue. Les demandes de S. M. ont été constamment justes et raisonnables ; elles n'ont point eu pour objet de satisfaire une ambition personnelle , mais de remplir les devoirs que lui prescrivaient impérieusement l'honneur de sa couronne , ses engagemens avec ses alliés et les intérêts généraux de l'Europe.

C'est avec une douleur profonde que S. M. voit se prolonger les maux inséparables de la guerre ; mais la redoutable responsabilité des malheurs qu'elle entraîne, retombe sur ses ennemis, et S. M. se repose avec confiance , pour le résultat de cette grande querelle , sur la justice de sa cause , sur les ressources et la bravoure de son peuple , sur la fidélité de ses alliés , et avant tout , sur la protection et l'appui de la divine providence.

En contribuant aux efforts immenses qu'une telle guerre doit nécessairement amener , les fideles sujets de S. M. ne peuvent oublier qu'il y va de leurs plus chers intérêts ; que quelques sacrifices qu'on leur demande, ils ne sont point comparables à la honte de céder aux prétentions injurieuses de l'ennemi ; que la prospérité , la force et l'indépendance de leur patrie sont essentiellement liées au maintien de la bonne foi et de l'honneur national , et qu'en défendant les droits et la dignité de l'Empire britannique , ils défendent le plus puissant boulevard de la liberté du Monde.

21 octobre 1806.

OBSERVATIONS.

On a peine à concevoir que sur des faits aussi authentiques et d'une si haute importance , le gouvernement anglais ait osé hasarder tant de fausses allégations. Accusé par l'opinion de l'Europe , d'avoir prolongé la guerre , il veut aujourd'hui écarter cette odieuse responsabilité ; mais les actes même de ses agens l'accusent , et ses assertions sont démenties par les faits. S. M. ne veut pour y répondre , que produire toutes les pieces de cette négociation , dont son amour pour la paix lui avait fait espérer un meilleur résultat.

Il est faux que le Gouvernement français ait fait avant la négociation aucune des ouvertures , aucune des offres que suppose la déclaration. Toutes ces suppositions ont été constamment déniées pendant le cours de la négociation , par le ministère de S. M. Il est faux que le Gouvernement français ait accepté la prétendue base qui est établie dans la déclaration , ni que S. M. britannique se soit réservé , avant d'entrer en négociation , de ne traiter que de concert avec ses alliés,

Il sera facile de se convaincre , par les réponses du ministre des relations extérieures à M. Fox , et sur-tout par celle n°. VI, que si le cabinet anglais avait tenu à cette réserve , jamais la négociation n'aurait pu s'ouvrir. Il sera facile de se convaincre par le texte même des pleins-pouvoirs de lord Yarmouth , et plus évidemment encore par la lecture de la lettre de lord Lauderdale , n°. XIII, qu'avant de commencer la négociation , le cabinet anglais s'était entierement et irrévocablement désisté de la prétention de traiter conjointement avec ses alliés. Comment un gouvernement ose-t-il se mettre ainsi publiquement en contradiction avec lui-même ?

L'exposé des faits qu'on va lire n'est pas , comme

(7)

la déclaration du roi d'Angleterre, une publica-
tion hasardée et qu'il faut croire sur parole. Il est
appuyé sur toutes les pieces de la négociation qui
seront imprimées à la suite.

En février de cette année, il s'ouvrit entre les
deux puissances une négociation directe de cabinet
à cabinet. Elle commença sous de favorables aus-
pices ; et en se reportant à cette époque, on aime
à rappeler un trait digne du noble caractere du
ministre que l'Angleterre a perdu. Une lettre de
M. Fox à S. A. le prince de Bénévent, le prévint
qu'un individu s'était présenté à lui et avait offert
d'attenter à la vie de l'Empereur. (*Voyez* cette
lettre et la réponse du prince, nᵒˢ· I et II).

Les bases de la négociation s'établirent ensuite
dans les lettres que s'écrivirent successivement les
deux ministres ; et après des discussions franches
et soutenues avec ce ton de bienséance qui convient aux ministres de deux grandes puissances, il
fut convenu qu'on adopterait pour base de la négociation, les deux principes suivans ; 1° que les
deux Etats auraient pour objets communs, que la
paix fût honorable pour eux et leurs alliés respectifs, en même tems qu'elle serait de nature à
assurer, autant qu'on le pourrait, le repos futur
de l'Europe ; 2° qu'il serait reconnu, en faveur de
l'une et de l'autre puissance, qu'elles auraient tout
droit d'intervention et de garantie pour les affaires
continentales et pour les affaires maritimes. (*Voy*.
les nᵒˢ. III et VIII). C'est à ces principes énoncés
dans les notes de deux ministres, que le Gouvernement français s'est uniquement et persévéramment référé.

Lord Yarmouth vint à Paris ; il présenta des
pleins-pouvoirs, et la négociation marcha vers son
but. Il n'est point vrai, comme on l'avance dans
la déclaration de S. M. britannique, que le cabinet
des Tuileries, qui n'est pas assez mal habile pour
traiter avec des ministres sans pouvoirs, ait trouvé
insuffisans ceux de lord Yarmouth. La forme en est
la même que celle des pouvoirs de lord Man-
chester en 1763, et les autorisations en sont même

plus complettes et plus étendues. (*Voyez* les nᵒˢ XI et XII.)

Mais la cour de Londres trouva que les progrès de la discussion étaient trop rapides ; elle craignit quelque entraînement à la paix. Pour tout ralentir, elle envoya sous le même titre un second ministre plénipotentiaire , et bientôt elle le laissa seul , lui prescrivant d'attendre dans une négociation apparente , le parti que prendrait la Russie sur le traité qui venait d'être négocié et conclu à Paris en son nom.

On ose avancer dans la déclaration de S. M. britannique , que M. d'Oubril n'avait pas de pouvoirs pour traiter, et que S. M. l'Empereur et Roi avait pris dans ce traité même des engagemens qui , s'ils eussent été remplis , auraient amené la paix entre les deux cours. La lecture des pleins-pouvoirs et du traité (*Voyez* nᵒˢ XXXIX et XL) répondra suffisamment à cette fausse allégation.

La France n'a pas eu le tort de manquer aux engagemens du traité qu'elle avait fait avec la Russie , mais elle a eu celui de les remplir avec trop de confiance et de précipitation. A peine la paix fut-elle signée , qu'elle ordonna de cesser la course contre le pavillon russe , et de rétablir toutes les relations commerciales avec la Russie.

Jusques-là tout était d'accord. La Russie et l'Angleterre avaient traité séparément , et la France n'avait eu d'autre but que celui de simplifier les discussions qui pouvaient amener un rapprochement durable , en refusant d'admettre ces deux puissances à négocier de concert , et à confondre des intérêts qui par leur nature étaient essentiellement distincts. Le traité avec la Russie était fait , la négociation avec l'Angleterre approchait progressivement de son terme ; cette puissance se voyait en mesure de conclure à des conditions avantageuses pour elle , puisqu'elle gardait Malte et le Cap de Bonne-Espérance.

Inutile modération de S. M. I. et R. ! M. Fox tomba malade , il cessa d'assister au conseil , la faction ennemie de la paix prévalut et tout changea.

Lord Lauderdale vint à Paris, la négociation se compliqua aussitôt et prit une marche rétrograde. On ne pût se défendre du soupçon qu'il était venu pour la rompre, et qu'on l'avait choisi comme ami de M. Fox pour faire tomber sur les partisans de cet illustre ministre tout l'odieux de la rupture.

M. Fox aurait facilement dissipé cette intrigue; mais il allait mourir. Lord Lauderdale habitué à suivre un chef, ne dissimula plus le desir d'en trouver un dans le parti contraire, et de se rallier à d'autres principes. Son ton fut d'accord avec ses nouvelles vues : toutes ses lettres, toutes les réponses du Gouvernement (*Voyez* les nᵒˢ XIII, XIV, XV, XVI, XVII. XVIII, XIX. XX, XXI. XXII, XXIII, XXIV, XXV. XXVI, XXVII et XXVIII) prouvent à quel point S. M. I. tenait au rétablissement de la paix par la longue patience avec laquelle son ministere a supporté tant de brusqueries et d'emportemens. Elle ne voulut pas sacrifier à des questions de susceptibilité l'espérance même la plus éloignée d'un rapprochement entre les deux puissances.

Cependant l'Angleterre en suivant cette étrange négociation cherchait de toutes parts à lui susciter de nouveaux ennemis. Elle envoyait une escadre dans le Tage pour sonder l'opinion du Portugal et chercher à l'entraîner ; elle menaçait la Porte Ottomane et lui offrait son alliance : elle intriguait en Russie pour faire changer le ministere qui avait envoyé M. d'Oubril, et préparait ainsi le refus de la ratification de son traité de paix : elle excitait la Prusse contre la France en lui persuadant qu'elle perdrait le Hanovre, province que la France lui avait laissé prendre, mais qu'elle n'avait garantie qu'autant que la Prusse ferait cause commune avec la France pour obliger l'Angleterre à faire la paix.

Les instigations de l'Angleterre auprès de la Prusse ont eu tout le succès qu'elle en attendait. Cette puissance déclara la guerre, lord Lauderdale demanda ses passeports et partit pour Londres.

M. Fox a voulu la paix. Tant qu'il a dirigé les affaires, les négociations ont été loyales et franches ; après lui, on n'a eu qu'un objet en vue, celui de les rompre, d'éluder par tous les moyens du mensonge et de la mauvaise foi la responsabilité de la rupture, et de redonner à la guerre plus d'étendue, dans l'espérance qu'une nouvelle coalition serait plus fatale à la France, ou que du moins les nouveaux dangers de l'Angleterre se détourneraient sur ses alliés.

* * *

PIECES OFFICIELLES.

N°. I.

Downing-Street, le 20 février 1806.

Monsieur le ministre,

Je crois de mon devoir, en qualité d'honnête homme, de vous faire part le plus tôt possible, d'une circonstance assez étrange qui est venue à ma connaissance. Le plus court sera de vous narrer tout simplement le fait comme il est arrivé.

Il y a quelques jours qu'un quidam m'annonça qu'il venait de débarquer à Gravesend sans passeport, et qu'il me pria de lui en envoyer un parce qu'il venait récemment de Paris, et qu'il avait des choses à m'apprendre qui *me feraient plaisir*. Je l'entretins tout seul dans mon cabinet, où, après quelques discours peu importans, ce scélérat eut l'audace de me dire, que pour tranquilliser toutes les couronnes, il fallait faire mourir le chef des Français, et que pour cet objet, on avait loué une maison à Passy, d'où l'on pouvait à coup sûr et sans risque exécuter ce projet détestable. Je n'ai pas bien entendu si ce devait être par le moyen des fusils en usage ou bien par des armes à feu d'une construction nouvelle. Je n'ai pas honte de vous avouer, à vous, Monsieur le ministre, qui me connaissez, que ma confusion était extrême, de me trouver dans le cas de converser avec un assassin déclaré. Par une suite de cette confusion, je lui ordonnai de me quitter instamment, donnant en même tems des instructions à l'officier de police qui le gardait, de le faire sortir du royaume au plus tôt. Après avoir réfléchi plus mûrement sur ce que je venais de faire, je reconnus la faute que j'avais faite en le laissant partir avant que vous en fussiez informé, et je le fis retenir.

Il y a apparence que tout ceci n'est rien, et que ce misérable n'a eu autre chose en vue que de faire le fanfaron, en promettant des choses qui, d'après sa façon de penser, *me feraient plaisir*.

En tout cas, j'ai cru qu'il fallait vous avertir de ce qui s'est passé, avant que je le renvoyasse. Nos lois ne nous permettent pas de le détenir long-tems, mais il ne partira qu'après que vous aurez eu tout le tems de vous mettre en garde contre ses attentats, supposé qu'il ait encore de mauvais desseins; et lorsqu'il partira, j'aurai soin qu'il ne débarque que dans quelque port le plus éloigné possible de la France. Il s'est appelé ici Guillet de la Gevrilliere, mais je pense que c'est un faux nom. Il n'avait pas un chiffon de papier à me montrer, et à son premier abord, je lui fis l'honneur de le croire espion.

J'ai l'honneur d'être avec le plus parfait attachement,

Monsieur le ministre,

Votre très-obéissant serviteur,

Signé, C. T. Fox.

Nᵒ. II.

5 mars 1806.

Monsieur,

J'ai mis la lettre de V. Exc. sous les yeux de S. M. Son premier mot, après en avoir achevé la lecture, a été : « Je reconnais là les principes d'honneur et » de vertu qui ont toujours animé M. Fox. » Elle a ajouté : » Remerciez-le de ma part, et dites-lui » que soit que la politique de son souverain nous » fasse rester encore long-tems en guerre, soit

» qu'une querelle aussi inutile pour l'humanité
» ait un terme aussi rapproché que les deux na-
» tions doivent le desirer, je me réjouis du nou-
» veau caractere que, par cette démarche, la guerre
» a déjà pris, et qui est le présage de ce qu'on peut
» attendre d'un cabinet dont je me plais à appré-
» cier les principes, d'après ceux de M. Fox, un des
» hommes les plus faits pour sentir en toutes choses
» ce qui est beau, ce qui est vraiment grand. »

Je ne me permettrai pas, Monsieur, d'ajouter rien aux propres expressions de S. M. I. et R. Je vous prie seulement d'agréer l'assurance de ma plus haute considération.

Signé, Сн. M. TALLEYRAND, *prince de Bénevent.*

N°. III.

Downing Street, 26 mars 1806.

Monsieur,

L'avis que votre Excellence m'a donné des dis-positions pacifiques de votre gouvernement, m'a induit à fixer particuliérement l'attention du roi sur cette partie de la lettre de votre Excellence.

Sa Majesté a déclaré plus d'une fois à son par-lement son desir sincere d'embrasser la premiere occasion de rétablir la paix sur des bases solides, qui pourront se concilier avec les intéréts et la sû-reté permanente de son peuple.

Ses dispositions sont toujours pacifiques ; mais c'est à une paix sûre et durable que S. M. vise, non à une treve incertaine et par-là même inquié-tante, tant pour les parties contractantes que pour le reste de l'Europe.

Quant aux stipulations du traité d'Amiens qui pourraient être proposées comme bases de la né-gociation, on a remarqué que cette phrase peut être interprétée de trois ou quatre différentes manieres, et que par conséquent des explications ultérieures seraient nécessaires, ce qui ne manquerait pas de causer un grand délai, quand même il n'y aurait pas d'autres objections.

(13)

La véritable base d'une telle négociation entre
deux grandes puissances qui dédaignent également
toute idée de chicane , devrait être une reconnaissance réciproque de part et d'autre du principe
suivant , savoir que les deux parties auraient pour
objet que la paix soit honorable pour toutes les
deux et leurs alliés respectifs , et en même tems de
nature à assurer , autant qu'il est en leur pouvoir ,
le repos futur de l'Europe.

L'Angleterre ne peut négliger les intérêts d'aucun de ses alliés , et elle se trouve unie à la Russie
par des liens si étroits qu'elle ne voudrait rien
traiter , bien moins conclure que de concert avec
l'empereur Alexandre ; mais en attendant l'intervention actuelle d'un plénipotentiaire russe , on
pourrait toujours discuter et même arranger provisoirement quelques-uns des points principaux.

Il pourrait sembler que la Russie , à cause de sa
position éloignée , ait moins d'intérêts immédiats
que les autres puissances à discuter avec la France ;
mais cette cour , à tous égards si respectable , s'intéresse comme l'Angleterre , vivement à tout ce
qui regarde le sort plus ou moins indépendant des
différens princes et États de l'Europe.

Vous voyez , Monsieur , comme on est disposé
ici d'applanir toutes les difficultés qui pourront
retarder la discussion dont il s'agit. Ce n'est pas
assurément qu'avec les ressources que nous avons ,
nous ayions à craindre , pour ce qui nous regarde,
la continuation de la guerre. La nation anglaise
est de toute l'Europe celle qui souffre le moins de
sa durée , mais nous n'en plaignons pas moins les
maux d'autrui.

Faisons donc ce que nous pouvons pour les finir,
et tâchons , s'il se peut , de concilier les intérêts
respectifs et la gloire des deux pays avec la tranquillité de l'Europe et la félicité du genre humain.

J'ai l'honneur d'être avec la plus haute considération ,

Monsieur ,
de Votre Excellence ,
Je très-humble et très-obéissant serviteur,
Signé C. T. Fox.

N°. IV.

Premier avril 1806.

Monsieur ,

A l'heure même où j'ai reçu votre lettre du 26 mars , je me suis rendu auprès de S. M. , et je me trouve heureux de vous informer qu'elle m'a autorisé à vous faire sans délai la réponse suivante:

L'Empereur n'a rien à desirer de ce que possede l'Angleterre. La paix avec la France est possible et peut être perpétuelle , quand on ne s'immiscera pas dans ses affaires intérieures , et qu'on ne voudra ni la contraindre dans la législation de ses douanes , et dans les droits de son commerce , ni faire supporter aucune insulte à son pavillon.

Ce n'est pas vous , Monsieur , qui avez montré dans un grand nombre de discussions publiques une connaissance exacte des affaires générales de l'Europe et de celles de la France , qu'il faut convaincre que la France n'a rien à desirer que du repos , et une situation qui lui permette de se livrer sans aucun obstacle aux travaux de son industrie.

L'Empereur ne pense pas que tel ou tel article du traité d'Amiens ait été la cause de la guerre. Il est convaincu que la véritable cause a été le refus de faire un traité de commerce nécessairement nuisible aux manufactures et à l'industrie de ses sujets.

Vos prédécesseurs nous accusaient de vouloir tout envahir. En France , on accuse aussi l'Angleterre. Eh bien ! nous ne demandons que l'égalité. Nous ne vous demanderons jamais compte de ce que vous ferez chez vous , pourvu qu'à votre tour vous ne nous demandiez jamais compte de ce que nous ferons chez nous. Ce principe est d'une réciprocité juste , raisonnable , et respectivement avantageuse.

Vous exprimez le desir que la négociation n'aboutisse pas à une paix sans durée. La France est plus intéressée qu'aucune autre puissance à ce que la paix soit stable. Ce n'est point une trève qu'elle à intérêt de faire , car une trève ne ferait que lui préparer de nouvelles pertes. Vous savez très-bien que les nations , semblables en ce point à chaque homme considéré individuellement, s'accoutument à une situation de guerre, comme à une situation de paix. Toutes les pertes que la France pouvait faire , elle les a faites , elle les fera toujours dans les six premiers mois de la guerre. Aujourd'hui notre commerce et notre industrie se sont repliés sur eux-mêmes , et se sont adaptés à notre situation de guerre. Dès-lors une trève de deux ou trois ans serait en même tems tout ce qu'il y aurait de plus contraire à nos intérêts commerciaux et à la politique de l'EMPEREUR.

Quant à l'intervention d'une puissance étrangere , l'EMPEREUR pourrait accepter la médiation d'une puissance qui aurait de grandes forces maritimes , car alors sa participation à la paix serait réglée par les mêmes intérêts que nous avons à discuter avec vous ; mais la médiation dont vous parlez n'est pas de cette nature. Vous ne voulez pas nous tromper, et vous sentez bien qu'il n'y a pas d'égalité entre vous et nous dans la garantie d'une puissance qui a trois cents mille hommes sur pied , et qui n'a pas d'armée de mer.

Du reste, Monsieur , votre communication a un caractere de franchise et de précision que nous n'avons pas encore vu dans les rapports de votre cour avec nous. Je me ferai un devoir de mettre la même franchise et la même clarté dans mes réponses. Nous sommes prêts à faire la paix avec tout le monde. Nous ne voulons en imposer à personne ; mais nous ne voulons pas qu'on nous en impose , et personne n'a ni la puissance , ni les moyens de le faire. Il n'est au pouvoir de personne de nous faire revenir sur des traités qui sont exécutés. L'intégrité, l'indépendance entiere, absolue, de l'Empire ottoman , sont non-seulement le desir le plus vrai de l'EMPEREUR , mais le point le plus constant de sa politique.

Deux nations éclairées et voisines l'une de l'autre manqueraient à l'opinion qu'elles doivent avoir

de leur puissance et de leur sagesse , si elles ap-
pelaient dans la discussion des grands intérêts qui
les divisent , des interventions étrangeres et éloignées. Ainsi , Monsieur , la paix peut être traitée
et conclue immédiatement , si votre cour a véritablement le desir d'y arriver.

Nos intérêts sont conciliables par cela même
qu'ils sont distincts. Vous êtes les souverains des
mers; vos forces maritimes égalent celles de tous
les souverains du Monde réunies. Nous sommes
une grande puissance continentale ; mais il en est
plusieurs qui ont autant de forces que nous sur
terre , et votre prépondérance sur les mers mettra
toujours notre commerce à la disposition de vos
escadres dès la première déclaration de guerre
que vous voudrez faire. Pensez-vous qu'il soit raisonnable d'attendre que l'Empereur consente jamais à se mettre aussi pour les affaires du Continent
à votre discrétion ? Si maîtres de la mer par votre
puissance propre, vous voulez l'être aussi de la
terre par une puissance combinée , la paix n'est
pas possible ; car alors vous ne voulez pas arriver
à des résultats que vous ne pourrez jamais atteindre.

L'Empereur , tout accoutumé qu'il est à courir
toutes les chances qui présentent des perspectives
de grandeur et de gloire, desire la paix avec
l'Angleterre. Il est homme. Après tant de fatigues ,
il voudrait aussi du repos. Pere de ses sujets , il
souhaite , autant que cela peut-être compatible
avec leur honneur et avec les garanties de l'avenir , leur procurer les douceurs de la paix , et les
avantages d'un commmerce heureux et tranquille.

Si donc , Monsieur , S. M. le roi d'Angleterre
veut réellement la paix avec la France , elle nommera un plénipotentiaire pour se rendre à Lille.
J'ai l'honneur de vous adresser des passeports pour
cet objet. Aussitôt que S. M. l'Empereur aura
appris l'arrivée du ministre de votre cour, elle en
nommera et en enverra un sans délai. L'Empereur
est prêt à faire toutes les concessions que par
l'étendue de vos forces navales et votre prépondérance .

dérance, vous pouvez desirer d'obtenir. Je ne crois pas que vous puissiez refuser d'adopter aussi le principe de lui faire des propositions conformes à l'honneur de sa couronne et aux droits du commerce de ses Etats. Si vous êtres justes, si vous ne voulez que ce qu'il vous est possible de faire, la paix sera bientôt conclue.

Je termine en vous déclarant que S. M. adopte entierement le principe exposé dans votre dépêche et présenté comme base de la négociation, que la paix proposée doit être honorable pour les deux cours et pour leurs alliés respectifs.

J'ai l'honneur d'être avec la plus haute considération,

Monsieur,
de votre Excellence
le très-humble et très-obéissant serviteur,
Signé, CH. MAUR. TALLEYRAND, prince
de Bénevent.

Nº V.

Downing-Street, ce 8 avril
1806.

Monsieur,

Je n'ai reçu qu'hier au soir votre dépêche du premier courant. Avant d'y répondre, permettez-moi d'assurer V. Exc. que la franchise et le ton obligeant qu'on y remarque, ont fait ici le plus grand plaisir. Un esprit conciliatoire, manifesté de part et d'autre, est déja un grand pas vers la paix.

Si ce que V. Exc. dit par rapport aux affaires intérieures regarde les affaires politiques, une réponse n'est gueres nécessaire : nous ne nous y immisçons pas en tems de guerre, à plus forte raison nous ne le ferons pas en tems de paix; et rien n'est plus éloigné des idées qui prévalent chez nous, que de vouloir ou nous mêler des lois intérieures que vous jugerez propres à régler vos douanes et soutenir les droits de votre commerce, ou d'insulter à votre pavillon.

Quant à un traité de commerce, l'Angleterre

croit n'avoir aucun intérêt à le desirer plus que les autres nations. Il y a beaucoup de gens qui pensent qu'un pareil traité entre la France et la Grande-Bretagne serait également utile aux deux parties contractantes ; mais c'est une question sur laquelle chaque gouvernement doit juger d'après ses propres apperçus, et celui qui le refuse n'offense pas, ni n'a aucun compte à rendre à celui qui le propose.

Ce n'est, Monsieur, pas moi seulement, mais tout homme raisonnable doit reconnaître que le véritable intérêt de la France, c'est la paix, et que, par conséquent, c'est sur sa conservation que doit être fondée la vraie gloire de ceux qui la gouvernent.

Il est vrai que nous nous sommes mutuellement accusés ; mais il ne sert à rien, dans ce moment-ci, de discuter les argumens sur lesquels ces accusations ont été fondées. Nous desirons comme vous l'égalité. Nous ne sommes pas assurément comptables l'un à l'autre de ce que nous faisons chez nous, et le principe de réciprocité à cet égard, que V. Exc. a proposé, paraît juste et raisonnable.

On ne peut pas disconvenir de ce que vos raisonnemens, sur l'inconvénient qu'aurait pour la France une paix sans durée, ne soient bien fondés ; mais de l'autre côté, celui que nous éprouverions serait aussi très-considérable. Il est peut-être naturel que, dans de pareils cas, chaque nation exagere ses propres dangers, ou qu'au moins elle les regarde de plus près et d'un œil plus clairvoyant que ceux d'autrui.

Quant à l'intervention d'une puissance étrangere, il faut d'abord remarquer que, pour ce qui regarde la paix et la guerre entre la France et l'Angleterre, la Russie ne peut être censée puissance *étrangere*, vû qu'elle est actuellement en alliance avec l'Angleterre et en guerre avec la France. C'est pourquoi dans ma lettre, c'était comme partie, non comme médiateur, qu'on a proposé de faire intervenir l'empereur Alexandre.

V. Exc., dans la dernière clause de sa dépêche reconnaît que la paix doit être honorable, tant, pour la France et l'Angleterre, que pour leurs alliés respectifs. Si cela est, il nous paraît être impossible, vu l'étroite alliance qui subsiste entre les deux gouvernemens, que celui de l'Angleterre puisse commencer une négociation, sinon provisoire, sans la concurrence ou tout au moins le consentement préalable de son allié.

Pour ce qui est de l'intégrité et de l'indépendance de l'Empire ottoman, aucune difficulté ne peut s'offrir, ces objets étant également chers à toutes les parties intéressées à la discussion dont il est question.

Il est peut-être vrai que la puissance de la France sur terre, comparée à celle du reste de l'Europe, n'est pas égale à la supériorité que nous possédons sur mer, envisagée sous le même point de vue ; mais il ne faut plus se dissimuler que le projet de combiner toute l'Europe contre la France est chimérique au dernier point. Au reste, c'est en vérité pousser un peu trop loin les appréhensions pour l'avenir, que d'envisager l'alliance entre la Russie et l'Angleterre (les deux puissances de l'Europe les moins faites pour attaquer la France par terre) comme tendante à produire un résultat pareil.

L'intervention de la Russie à la négociation ne peut non plus être regardée comme la formation d'un congrès, ni pour la forme ni pour la chose, d'autant qu'il n'y aura que deux parties, la Russie et l'Angleterre d'un côté, et la France de l'autre. Un congrès pourrait être bon à beaucoup d'égards après la signature des préliminaires en cas que toutes les parties contractantes soient de cet avis, mais c'est un projet à discuter librement et amicalement après que l'affaire principale aura été arrangée.

Voilà, Monsieur, que je vous ai exposé avec toute la clarté que j'ai pu, les sentimens du ministere britannique sur les notions que V. Exc. a suggérées. Je me plais à croire qu'il n'y a qu'un seul point essentiel sur lequel nous ne sommes pas d'accord.

Dès que vous consentirez que nous traitions provisoirement jusqu'à ce que la Russie puisse intervenir, et dès-lors, conjointement avec elle, nous sommes prêts à commencer, sans différer d'un seul jour, la négociation en tel lieu et en telle forme que les deux parties jugeront les plus propres à conduire à bon escient l'objet de nos travaux le plus promptement possible.

J'ai l'honneur d'être avec la considération la plus distinguée,

Monsieur,

De V. Exc. le très-humble et très-obéissant serviteur,
C. J. Fox.

N°. VI.

Paris, le 16 avril 1806.

Monsieur,

Je viens de prendre les ordres de S. M. l'Empereur et Roi sous les yeux de qui je m'étais empressé de mtre la dépêche que V. Exc. m'a fait l'honneur de m'écrire en date du 8 avril.

Il a paru à S. M., qu'en admettant, comme vous le faites, le principe de l'égalité, vous persistiez cependant à demander une forme de négociation qui ne peut s'accorder avec ce principe. Lorsqu'entre deux puissances égales, une d'elles réclame l'intervention d'un tiers, il est évident qu'elle tend à rompre cet équilibre si favorable à la juste et libre discussion de leurs intérêts. Il est manifeste qu'elle ne veut pas se contenter des avantages et des droits de l'égalité. J'ose croire, Monsieur, qu'en revenant une dernière fois sur cette discussion, je parviendrai à persuader à V. Exc. qu'à aucun titre et pour aucun motif, la Russie ne doit être appellée dans la négociation proposée entre la France et l'Angleterre.

Lorsque la guerre a éclaté entre les deux États, la Russie était en paix avec la France. Cette guerre n'a rien changé dans les rapports qui existaient entr'elle et nous. Elle a d'abord pro-

posé sa médiation et ensuite par des circonstances étrangères à la guerre qui nous divise,
des froideurs étant survenues entre les deux ca-
binets de Saint-Pétersbourg et des Tuileries,
l'empereur Alexandre a jugé à propos de sus-
pendre ses relations politiques avec la France, mais
en même tems. il a déclaré de la manière la plus
positive qu'il était dans l'intention de rester étran-
ger aux débats existans entre nous et l'Angleterre.

Nous ne pensons pas que la conduite que la
Russie a tenue depuis cette époque ait rien
changé à cette détermination. Elle a, il est vrai,
conclu un traité d'alliance avec vous ; mais ce
traité, il est aisé d'en juger par ce qui en a été
rendu public, par l'objet qu'il avait en vue et plus
encore par les résultats, n'avait aucun rapport
avec la guerre qui existait depuis près de deux ans
entre nous et l'Angleterre.

Ce traité était un pacte de participation à une
guerre d'une nature différente, plus étendue et
plus générale que la première. C'est de cette guerre
qu'est née la troisieme coalition dans laquelle
l'Autriche était Puissance principale et la Russie
Puissance auxiliaire. L'Angleterre n'a participé
qu'en projet à cette guerre ; jamais nous n'avons
eu à combattre ses forces réunies à celles de ses
alliés. La Russie ne s'y est montrée que secondaire-
ment. Aucune déclaration adressée à la France n'est
venue nous apprendre qu'elle était en guerre avec
nous, et ce n'est que sur les champs de bataille ou
la troisieme coalition a été détruite, que nous
avons été officiellement informés que la Russie en
avait fait partie.

Lorsque S. M. britannique a déclaré la guerre
à la France, elle avait un but qu'elle a fait connaître par ses manifestes. Ce but constitue la
nature de la guerre. Lorsque 18 mois après, S. M.
britannique s'est alliée avec l'Autriche, la Russie et
la Suède, elle eut d'autres objets en vue ; ce fut
une nouvelle guerre dont il faut chercher les
motifs dans les pièces officielles qui ont été pu-
bliées par les diverses puissances. Dans ces motifs,

il n'est jamais question des intérets directs de l'Angleterre. Ces deux guerres n'ont donc aucun rapport ensemble, l'Angleterre n'a point participé réellement à celle qui est terminée. La Russie n'a jamais pris de part ni directe ni indirecte à celle qui dure encore. Il n'y a donc aucune raison pour que l'Angleterre ne termine pas seule la guerre que seule elle a faite avec nous.

Si S. M. l'Empereur adoptait le principe de négocier maintenant avec l'Angleterre unie à ses nouveaux alliés, elle admettrait implicitement que la troisieme coalition existe encore, que la guerre d'Allemagne n'est pas finie, que cette guerre est la même que celle que la France soutient contre l'Angleterre, elle accepterait implicitement pour base de la négociation les conditions de M. de Novosilzoff qui ont excité l'étonnement de l'Europe et soulevé le caractère français, et de vainqueur de la coalition, l'Empereur se placerait volontairement dans la position du vaincu.

Aujourd'hui l'Empereur n'a plus rien à débattre avec la coalition : il est en droit de méconnaitre les rapports que vous avez eus avec elle, et en traitant avec vous, il ne peut être question que du but et des intérets de la guerre entreprise antérieurement à vos alliances et qui leur a survécu.

Quoiqu'il n'y ait que six mois que le voile qui couvrait les combinaisons secretes de la derniere guerre, a été déchiré, il est cependant vrai que le Continent est en paix. Le principal de vos alliés, l'Autriche, a fait sa paix séparée. La Prusse, dont les armées ont été pendant quelque tems sur le pied de guerre, a fait avec nous un traité d'alliance offensive et défensive. La Suede ne mérite aucune mention. Quant à la Russie, il existe entre elle et nous des propositions directes de négociations. Par sa puissance, elle n'a besoin de la protection de personne, et elle ne peut réclamer l'intervention d'aucune cour pour terminer les différends qui nous divisent. Par sa distance, elle est tellement hors de notre portée, comme de tout moyen de nuire, que l'état de guerre ou l'état de paix ne produit dans nos rapports respectifs, que des changemens purement diplomatiques. Si dans une telle situation, l'Empereur acceptait de négocier conjointement avec l'Angleterre et la Russie, n'en méconnaîtrait-il pas tous les avantages ? ne supposerait-il pas l'existence d'une guerre qu'il a glorieusement terminée ? n'abandonnerait-il pas enfin de lui à l'Angleterre le principe d'une égalité déjà convenue entre nous ? Pour peu, Monsieur, que vous vouliez examiner avec le discernement qui vous appartient, les considérations que j'ai l'honneur de vous exposer, vous conviendrez qu'une telle négociation nous serait beaucoup plus préjudiciable que la guerre et même qu'un congrès.

En effet, dans un congrès, si l'Angleterre, la Suède et la Russie débattaient pour faire prévaloir les principes qui ont servi de fondement à la troisième coalition, la Prusse, le Danemarck, la Porte, la Perse et l'Amérique réclameraient contre ces principes, et demanderaient des lois égales de navigation et un juste partage dans le domaine de la mer. Sans doute, dans cette discussion, on voterait souvent la diminution du pouvoir de la France, mais souvent aussi on voterait pour la diminution du pouvoir de l'Angleterre. Des puissances réclameraient l'équilibre du Midi de l'Europe ; mais d'autres aussi réclameraient l'équilibre du Nord. Un grand nombre s'occuperait de l'équilibre de l'Asie : toutes s'intéresseraient à l'équilibre des mers ; et si du sein de tant de discussions orageuses et compliquées, il est possible d'espérer qu'il en sortît un résultat, ce résultat serait juste, parce qu'il serait complet ; et certes, S. M. l'a déclaré dans toutes les circonstances, elle n'aura point de répugnance à faire des sacrifices pour la tranquillité publique, lorsque l'Angleterre, la Russie et toutes les grandes puissances seront chacune disposées à reconnaître les droits établis, à protéger les États faibles, et à adopter des principes de justice, de modération et d'égalité ; mais l'Empereur connaît trop les

hommes pour se laisser séduire par des chimères,
et il reconnaît que ce serait s'égarer, que de
chercher la paix dans un dédale de dix ans de
débats, qui, pendant ce tems, perpétueraient
la guerre et ne feraient que rendre son terme
plus incertain et plus difficile à atteindre. Il fau-
drait alors changer de route, et faire comme on
fit à Utrecht, laisser les alliés se morfondre dans
des débats interminables et inutiles, traiter seul
à seul, discuter comme on fit alors, les intérêts
des deux puissances et ceux de leurs alliés respectifs ; faire enfin la paix pour soi, et la faire
assez équitable et assez honorable pour qu'elle
ne pût manquer d'être agréée par toutes les puissances intéressées. Voilà comme il convient, non
pas dans dix ans, mais aujourd'hui, que deux
puissances telles que l'Angleterre et la France
terminent les différends qui les divisent, et éta-
bl ssent en même tems la regle de leurs droits et
celle des intérêts de leurs amis.

Pour me résumer, Monsieur, je ne vois dans
la négociation proposée que trois formes possibles
de discussion. Négociation avec l'Angleterre et
les alliés qu'elle a acquis lors de la formation de
la troisième coalition ; négociation avec toutes les
puissances de l'Europe en y joignant les Amé-
ricains ; négociation avec l'Angleterre seule. La
premiere de ces formes est inadmissible, parce
qu'elle soumettrait l'Empereur à l'influence de la
troisieme coalition qui n'existe plus. L'Empereur
eût négocié ainsi s'il eût été battu. La seconde
forme de négociation éterniserait la guerre, si
les incidens inévitables qu'elle multiplierait à tous
les instans, et les passions qu'elle déchaînerait
sans mesure ne faisaient pas rompre avec éclat
la discussion, peu d'années après qu'elle aurait
été établie. La troisieme est donc la seule que
doivent desirer ceux qui veulent véritablement la
paix. 'S. M. est persuadée que les dispositions
justes et modérées qu'elle aime à reconnaître dans
le ton et le langage du ministere de S. M. britannique secondant, au gré de ses desirs, les

sentimens pacifiques dont elle est plus que jamais déterminée à donner des preuves à ses amis et même à ses ennemis, les peuples épuisés des efforts d'une guerre dont l'intérêt est aussi difficile à sentir que le véritable objet en est difficile à connaître, verront enfin sortir de la négociation proposée une paix qui est réclamée par tous leurs besoins et par tous leurs vœux.

Agréez, Monsieur, etc.

Signé, CH. MAUR. TALLEYRAND,
prince de Bénévent.

No. VII

Dowing-Street, ce 21 avril 1806.

Monsieur,

J'ai reçu avant-hier la dépêche de V. Exc., du 16 de ce mois.

Après l'avoir lue et relue avec toute l'attention possible, je n'y trouve aucun argument suffisant pour induire notre gouvernement à changer l'opinion qu'il a déjà énoncée ; savoir, que toute négociation où la Russie ne serait pas comprise comme partie, est absolument inadmissible.

Nous voulons la paix ; mais nous ne pouvons rien vouloir qui puisse porter atteinte, ou à la dignité de notre souverain, ou à l'honneur et aux intérêts de la nation.

Or si nous traitions sans la Russie, vu les liens étroits qui nous unissent à cette puissance, nous nous croirions exposés au reproche d'avoir manqué à cette fidélité scrupuleuse dans nos engagemens, dont nous nous faisons gloire ; tandis que de l'autre côté, en persistant dans notre demande que la Russie soit admise, nous ne croyons rien faire qui soit contraire au principe d'égalité que nous réclamons tous les deux.

Lorsque les trois plénipotentiaires se trouveront ensemble, comment croire qu'on pût rien emporter par la pluralité de voix ? ou même qu'une assemblée pareille eût rien de commun avec un congrès général ? Il n'y existerait effectivement que deux parties : d'un côté , la France ; de l'autre , les deux puissances alliées.

Au surplus , si l'on voit tant d'avantages dans une affaire de cette nature à se trouver deux contre un , il n'y aurait aucune objection à ce que vous fissiez intervenir celui de vos alliés que vous jugeriez à propos.

Desirant sincérement d'éviter des disputes inutiles , je ne me permets pas d'entrer dans la discussion des conséquences que V. Exc. tire des événemens de la derniere campagne.

Je remarquerai seulement en passant que je ne vois pas par quelle raison une alliance doit être envisagée comme nulle par rapport aux puissances qui y tiennent , parce qu'une de celles qui la composaient en a été détachée par les malheurs de la guerre.

Quant à l'ouverture que la Russie vous a faite , nous ne savons ce qui en est ; mais qu'elle qu'en soit la nature , nous sommes persuadés que cette cour ne se conduira jamais de manière à compromettre la loyauté reconnue de son caractère , ou d'affaiblir les liens d'amitié et de confiance qui subsistent entre elle et l'Angleterre.

Pour revenir au point , V. Exc. dit que dans la négociation proposée elle ne voit que trois formes possibles de discussion ; la première vous paraît inadmissible.

D'après ce que j'ai eu l'honneur de vous écrire , vous devez juger , Monsieur , que la troisième est incompatible , tant avec nos idées fondamentales de la justice et de l'honneur , qu'avec notre apperçu des intérêts de notre pays. La seconde n'est pas peut-être mauvaise dans son principe ; mais outre les délais qu'elle causerait , elle ne serait guère praticable dans la conjoncture actuelle.

C'est donc avec bien du regret que je dois déclarer nettement à V. Exc. que je ne vois nul espoir de paix dans ce moment-ci , à moins que chez vous on ne se dispose à traiter dans la forme que nous avons proposée.

Je crois devoir ajouter que cette forme nous est

essentielle non-seulement pour les raisons que j'ai eu l'honneur de développer à V. Exc. , mais en tant que toute autre pourrait faire naître des soupçons que de fait vous entreteniez le projet chimérique qu'on vous reproche (à tort comme j'aime à croire) de nous exclure de toute relation avec les puissances du continent de l'Europe ; et même qu'une telle idée est moins révoltante pour nous qu'elle ne devrait l'être et qu'elle ne l'est en effet. Ce n'est pas à un ministre aussi éclairé que V. Exc. qu'il puisse être nécessaire de déclarer que l'Angleterre ne peut jamais consentir à une exclusion qui la dégraderait du rang qu'elle a tenu jusqu'ici et qu'elle croit pouvoir toujours tenir parmi les nations du Monde.

La chose enfin se trouve réduite à un seul point : Veut-on traiter conjointement avec la Russie ? oui. Veut-on que nous traitions séparément ? non.

Bien que nous n'ayons pas réussi dans le grand objet que nous nous sommes proposé , les deux gouvernemens n'ont qu'à se louer de l'honnêteté et de la franchise qui ont caractérisé la discussion de leurs différends ; et je vous dois sur mon compte particulier , Monsieur , des remerciemens de la maniere obligeante dont V. Exc. s'exprime à mon égard.

Je vous prie d'agréer les assurances de ma considération la plus distinguée.

J'ai l'honneur d'être ,

de votre Excellence ,
le très-humble et très-obéissant serviteur ,
C. T. Fox.

N° VIII.

Paris , le 2 juin 1806.

Monsieur ,

J'ai mis sous les yeux de l'EMPEREUR la derniere lettre que V. Exc. m'a fait l'honneur de m'écrire. Je ne puis que vous répéter , d'après ses ordres , qu'exiger de la France qu'elle traite avec vous sur le principe de votre alliance avec la Russie , c'est vouloir nous réduire à une forme de discussion forcée, et nous supposer dans un état d'abaissement où nous ne nous sommes jamais trouvés. On ne doit jamais se flatter d'imposer à la France ni des conditions de paix, ni un mode de négociations contraire aux usages. L'exigence sur l'un ou l'autre de ces points affecte également le caractère français, et je ne crains pas de dire que pour triompher à cet égard de toutes nos répugnances, ce ne serait pas trop qu'une armée anglaise eût envahi la Belgique et fût à la veille de pénétrer en Picardie par les débouchés de la Somme.

Je dois encore vous répéter, Monsieur, que dans la vérité S. M. desire la paix, et pourquoi n'ajouterais-je pas ce que nous avons pu dire, ce que nous avons réellement dit à toutes les époques où les négociations ont été rompues ? que la prolongation de la guerre n'a jamais été préjudiciable à la grandeur française, et qu'en tems de paix un grand Etat ne peut faire usage de ses forces que pour se maintenir et pour conserver telles qu'elles sont ses relations avec ses voisins.

La France ne vous conteste pas le droit de choisir et de conserver vos amis ; dans la guerre, elle n'a pas le choix de ses ennemis, et il faut bien qu'elle les combatte unis ou séparés, selon qu'il leur convient de se concerter pour accomplir leurs vues d'aggression et de résistance, et de former des alliances si peu conformes à la véritable politique de leur pays, que la premiere clause de ces alliances a toujours été de les tenir secrettes.

Parce que nous voulons suivre dans cette circonstance la forme de négociation qui a été en usage dans tous les tems et dans tous les pays, vous en concluez que nous ne voulons pas que vous ayez des liaisons sur le Continent. Je ne pense pas que nous ayions jamais donné lieu à une telle induction. Il ne dépend de nous d'empêcher aucun gouvernement de se lier avec vous, et nous ne pouvons vouloir ni ce qui est injuste, ni ce qui est absurde ; mais autre chose est que vous formiez des liaisons à votre choix, et autre chose que nous

y concourrions et que nous vous aidions à les con-
tracter. Or consentir à traiter sur les principes de
vos alliances et les admettre dans la discussion des
intérêts directs et immédiats qui nous divisent ,
c'est plus que les souffrir et les reconnaître , c'est
en quelque sorte les consacrer, les cimenter et les
garantir. Je vous l'ai déjà observé, Monsieur , nous
ne pouvons céder sur ce point , parce que le principe est pour nous.

Toutefois pour ne laisser lieu désormais à aucun
mal-entendu , je crois de mon devoir de vous proposer 1° de négocier dans les mêmes formes préliminaires qui furent adoptées sous le ministère de
M. le marquis de Rockingham en 1782 , formes
qui ne furent pas si heureusement renouvellées
pour les négociations de Lille , mais qui eurent un
plein succès dans la négociation qui précéda le
traité d'Amiens ; 2° d'établir pour bases deux principes fondamentaux ; le premier que je tire de
votre lettre du 26 mars , savoir " que les deux
» Etats auront pour objet que la paix soit hono-
» rable pour eux et pour leurs alliés respectifs ,
» en même tems que cette paix sera de nature à
» assurer , autant qu'ils le pourront , le repos fu-
» tur de l'Europe. » Le second principe sera une
reconnaissance en faveur de l'une et de l'autre puissance de tout droit d'intervention et de garantie
pour les affaires continentales et pour les affaires
maritimes. Non-seulement S. M. ne répugne pas
à faire un tel aveu , elle aime à l'ériger en principe,
et en vous exposant ainsi ses véritables intentions ,
je crois vous avoir donné une preuve décisive de
ses dispositions pacifiques. S. M. se persuade en
même tems qu'en prévenant pour toujours à cet
égard tout sujet de plaintes , d'inquiétudes et de
déclamations , elle a fait sur un point qui intéresse
essentiellement le bien de l'humanité , son devoir
d'homme et de souverain.

Ce serait , Monsieur , avec regret que je verrais
finir une discussion qui a commencé sous de si
bons présages. J'aurais toutefois , en perdant une
espérance qui m'est bien chere , la consolation de

penser que le tort de l'avoir fait évanouir ne saurait être imputé à la France, puisqu'elle ne demande et ne veut que ce qui est raisonnable et juste.

Agréez, Monsieur, l'assurance de ma plus haute considération.

Signé CH. M. TALLEYRAND, *prince de Bénévent.*

Nº IX.

Douning-Street ce 14 juin 1806.

Monsieur,

J'ai reçu, il y a quelques jours, la dépêche de V. Exc. en date du 2 du mois courant.

Je ne conçois pas comment, en traitant avec la Russie et nous conjointement, vous ayez à reconnaître le *principe* de l'alliance entre elle et nous. Tout au plus vous ne reconnaissez que le fait.

Encore moins puis-je deviner comment cette manière de traiter vous suppose dans un état d'abaissement quelconque. Nous ne prétendons nullement imposer à la France ni les conditions de la paix, ni un mode de négociation contraire aux usages. En 1782, époque que V. Exc. cite elle-même dans sa dépêche, nous ne nous croyions pas dans un état d'avilissement : cependant, lorsque M. de Vergennes nous dit qu'il fallait, pour l'honneur de sa cour, que nous traitassions conjointement avec elle, la Hollande et l'Espagne, nous adoptâmes, sans croire en aucun sens nous dégrader, le mode auquel ce ministre paraissait attacher tant de prix. Votre Gouvernement veut sincèrement la paix ; ici on la desire également, et je pourrais cependant dire de l'Angleterre ce que V. Exc. dit de la France, que la prolongation de la guerre n'a jamais été préjudiciable ni à sa gloire ni à sa grandeur ; à ses vrais intérêts permanens peut-être bien, mais également à ceux de la France.

Quant à ce qu'il y a eu de secret dans notre traité d'alliance avec la Russie, V. Exc. est trop éclairée pour ne pas reconnaître que, pour ce qui regardait la guerre et les propositions qu'on aurait à faire à la Prusse et à l'Autriche, le secret était nécessaire. Tout cela est passé. Agir de concert pour procurer en premier lieu le repos à l'Europe et pour le lui conserver après, c'est le principal, je pourrais même dire l'unique objet de nos liaisons.

Après la maniere franche dont vous désavouez l'intention qu'on vous a imputée à tort, par rapport à ce qui regarde nos liaisons continentales, il ne peut plus exister le moindre doute sur ce point essentiel, et il n'en serait que plus fâcheux que des difficultés, qui regardent la forme plutôt que la chose, fissent continuer une guerre que les deux Gouvernemens souhaitent également de terminer.

Venons à ce que V. Exc. propose. La forme qui eut lieu dans le ministere du marquis de Rockingham m'est d'autant plus présente à la mémoire, que j'occupais alors le même poste dont S. M. a bien voulu récemment m'honorer. Que la France et l'Angleterre changent de positions, et c'est précisément celle que j'ai proposée. Nous traitions alors avec la France et ses alliés. Que la France traite à cette heure avec nous et les nôtres.

Les bases offertes dans votre seconde proposition sont parfaitement conformes aux vues de notre gouvernement ; bien entendu que, lorsque nous reconnaissons mutuellement nos droits respectifs d'intervention et de garantie pour les affaires de l'Europe, nous convenons aussi mutuellement d'abstenir de tout empiétement de part et d'autre sur les Etats plus ou moins puissans qui la composent.

Je ne regretterais pas moins que V. Exc. que cette discussion finît. Pour peu que nous puissions agir de façon qu'on ne puisse pas nous reprocher d'avoir manqué à la bonne foi vis-à-vis d'un allié qui mérite à tous égards une confiance entiere de notre part, nous serons contens ; d'autant plus, que nous savons qu'une paix honorable ne serait pas moins conforme aux vœux de la Russie qu'à ceux de la France et de l'Angleterre.

J'ai l'honneur d'être avec la considération la plus distinguée ,

De V. Exc. le très-humble et très-obéissant serviteur,

Signé , C. J. Fox,

N° X.

Monsieur , je ne vous écris que deux mots pour vous dire combien je suis satisfait du desir que vous avez témoigné pour la paix. — Au surplus, lord Yarmouth a toute ma confiance : tout ce qu'il vous dira , vous pouvez croire que c'est moi-même qui vous le dis. — Le tems presse. Agréez tous mes hommages.

C. J. Fox.

Londres , ce 14 juin 1806.

N° XI.

Georgius tertius , Dei gratiâ Britanniarum rex , fidei defensor , dux brunsurcensis et luneburgensis , sacri romani Imperii archithesaurarius et princeps elector , etc. omnibus et singulis ad quos præsentes hæ litteræ pervenerint , salutem :

Cùm belli incendio jam nimis diù diversis orbis terrarum partibus flagrante , in id quàm maximè incumbamus ut tranquillitas publica tot litibus controversiisque ritè compositis reduci et stabiliri possit , cùmque eâ de causâ , virum quemdam , tanto negotio parem nostrâ ex parte , plenâ auctoritate ad hoc tam magnum opus conficiendum munire decrevimus ; sciatis igitur , quod nos , fide , industriâ , ingenio , perspicaciâ , et rerum usu fidelis , et dilecti Francisci Seymour , armigeri , (vulgò dicti comitis de Yarmouth) plurimùm confisi , eundem nominavimus , fecimus et constituimus nostrum verum , certum et indubitatum commissarium et plenipotentiarium , dantes et concedentes eidem omnem et omnimodam potestatem , facultatem auctoritatemque , necnon mandatum generale pariter ac speciale (ità tamen ut gene-
rale

*rale speciali non deroget , nec è contrà) , pro no-
bis et nostro nomine cum ministro vel ministris ,
commissariis vel plenipotentiariis Franciæ , pari
auctoritate sufficienter instructo vel instructis ,
cum ministris , commissariis vel plenipotentiariis
aliorum principum aut statuum quorumcunque ,
tam hostium quàm fœderatorum nostrorum , quorum interesse poterit sufficienti itidem auctoritate
instructis , tam singulatim ac divisim , quàm ag-
gregatìm ac conjunctìm congrediendi et collo-
quendi , atque cum ipsis de pace firmâ et stabili ,
sinceráque amicitiâ et concordiâ quantociùs resti-
tuendis , conveniendi et concludendi , eaque omnia quæ ità conventa et conclusa fuerint pro nobis
et nostro nomine subsignandi , superque conclusis
tractatum tractatusve vel alia instrumenta quot-
quot et qualia necessaria fuerint conficiendi , mu-
tuòque tractandi recipiendique omnia quæ alia
quæ ad opus supradictum feliciter exequendum
pertinent transigendi , tam amplis modo et formâ
ac vi effectuque pari , ac nos si interessemus , fa-
cere et præstare possemus : spondentes , et in
verbo regio promittentes nos omnia et singula
quæcunque à dicto nostro plenipotentiario tran-
sigi et concludi contigerint grata , rata et accepta ,
omni meliori modo habituros , neque passuros
unquàm ut in toto vel in parte à quopiam violen-
tur , aut ut iis in contrarium eatur. In quorum
omnium majorem fidem et robur , præsentibus
manu nostrâ regiâ signatis , magnum nostrum
Magnæ-Britanniæ sigillum appendi fecimus. Quæ
dabantur in palatio nostro divi Jacobi , die vige-
simo sexto mensis junii , anno Domini millesimo
octingentesimo sexto , regnique nostri quadrage-
simo sexto.*

Signé, GEORGES , *roi.*

N.º XII.

TRADUCTION.

Georges III , par la grace de Dieu roi des Breta-
gnes , défenseur de la foi , duc de Brunswick et
de Lunebourg , architrésorier du Saint-Empire ro-

C

main et prince-électeur, etc., à tous et chacun qui ces présentes lettres verront, salut :

L'incendie de la guerre embrâsant depuis trop long-tems différentes parties du globe, nous nous sommes fortement attachés au desir que la tranquillité publique puisse être ramenée et rétablie par l'accommodement solennel de tant de discussions et de litiges; à ces causes nous avons décidé de munir une personne de considération, chargée de notre part de pleins-pouvoirs convenables à une aussi grande œuvre que celle de traiter de la paix. Qu'il soit donc notoire que nous avons nommé, fait et constitué pour notre véritable commissaire et plénipotentiaire, en qui toute foi devra être ajoutée, notre amé Francis Seymour, écuyer, (connu sous le nom de *comte de Yarmouth*), en la fidélité, habileté, connaissances, pénétration et maniement des affaires duquel nous nous sommes souvent confiés; lui donnant et concédant tout pouvoir quelconque et faculté, autorité, même mandat général et spécial (sans néanmoins que le mandat général puisse déroger au mandat spécial, *et vice versâ*), afin de négocier, traiter pour nous et en notre nom avec le ministre ou les ministres, commissaires ou plénipotentiaires de France, également munis de pleins-pouvoirs à cet effet, avec les ministres, commissaires ou plénipotentiaires des autres princes ou États, tant de ceux avec lesquels nous sommes en guerre, que de ceux qui sont nos alliés, pourvus également de pouvoirs suffisans, soit séparément et avec chacun en particulier, soit réunis et conjointement, afin d'arrêter et rétablir avec eux, le plus promptement possible, une paix solide et durable, une sincere amitié et concorde réciproques; de signer pour nous et en notre nom tout ce qui aura été convenu et arrêté dans ce traité, ou les traités ou autres instrumens, de quelque nature et en quelque nombre qu'il aura été nécessaire de les rédiger, ainsi que de traiter mutuellement, régler et recevoir toutes les autres choses qui peuvent concourir à l'heureuse conclusion de la négociation dont il s'agit.

et ce avec pouvoirs et facultés aussi amples et étendus dans la forme, et par la force et l'effet que
nous pourrions le faire et l'exécuter nous-mêmes
si nous étions présens en personne. Nous enga-
geant et promettant sur notre parole royale, d'a-
voir et tenir pour bon, agréable et ratifié, toutes
et chacunes des choses qui auraient été réglées et
conclues par notredit plénipotentiaire, de les garder en la meilleure maniere que faire se puisse, et
de ne jamais souffrir qu'elles soient violées en tout
ou en partie, ni même qu'il y soit contrevenu ; et
afin de donner plus de force à ces lettres, signées
de notre main royale, et que foi pleine et entiere
y soit ajoutée, nous y avons fait apposer notre
grand sceau de la Grande-Bretagne. Donné dans
notre palais de Saint-James, le vingt-sixieme jour
du mois de juin, de l'an du Seigneur mil huit cent
six, et de notre regne le quarante-sixieme.

No XIII.

Le soussigné plénipotentiaire de S. M. britannique, avant d'entrer sur la négociation présente-
ment pendante entre son souverain et la cour de
France, juge nécessaire de retracer brievement
les circonstances qui l'ont amenée. En même tems,
il croit qu'il convient au caractere de franchise et
de sincérité, lequel, comme plénipotentiaire de
S. M. britannique, il s'est résolu de soutenir constamment, de déclarer, comme la seule base sur
laquelle il peut consentir de négocier, le principe
que la France elle - même a énoncé originairement, aussi bien que de définir la nature de la
discussion dans laquelle il est prêt à entrer.

Le langage fort et énergique dans lequel le
gouvernement de la France exprimait, il y a quelques mois, son desir de la paix, pendant qu'il
inspirait à S. M. une confiance dans la véritable
sincérité du desir de la cour de France, ne lui
laissait que le regret, que la proposition de traiter
avec elle, ou séparément de ses alliés, paraissait
empêcher et la France et l'Angleterre de profiter
de cette heureuse disposition de leurs gouverne-

mens respectifs, comme alors il était impossible
à S. M. britannique, conformément a la bonne-
foi qu'elle a toujours manifestée, de traiter autrement que conjointement avec son allié l'empereur de Russie.

Depuis ce tems-là, quand S. M. a trouvé que
des circonstances, qu'il n'est pas nécessaire de
détailler ici, lui permettaient de traiter séparément, c'était avec bien du plaisir qu'elle recevait
la proposition de traiter généralement sur la base
de *uti possidetis*, qu'on devait observer scrupuleusement, excepté dans le cas d'Hanovre, qu'on
se proposait de céder à S. M. en entier.

Il est vrai que cette proposition n'était faite
ni directement, ni par le canal d'un ministre
accrédité; de son authenticité pourtant on ne
pouvait avoir le moindre doute.

Indépendamment de l'autorité qu'elle recevait
du caractere de la personne employée pour la
communiquer, il semblait qu'elle s'accordait parfaitement avec ce qui avait été annoncé précédemment. "L'EMPEREUR n'a rien à desirer de ce
,, que possede l'Angleterre,,. (Un aveu fait au
commencement de la correspondance entre les
deux cours était un prélude naturel d'une telle
proposition.)

S. M. regardait la cession d'Hanovre comme
un témoignage de l'esprit de justice dans lequel
la proposition avait été conçue, parce que cet
électorat, quoique occupé sur une identité sup-
posée d'intérêts et de mesures, n'entrait, en effet,
pour rien dans les différends, qui occasionnaient
la guerre presente; et elle a vu, dans le principe
jusqu'alors reconnu comme la base générale de
négociation (une base particulierement adaptée
aux situations relatives des deux parties) ce qu'elle
jugeait être preuve que la France était tout aussi
sincerement disposée que la Grande-Bretagne de
mettre fin à un ordre de choses également préjudiciable aux intérets des deux pays.

En effet il paraissait à S. M. être le seul
principe sur lequel une négociation pouvait pro-

bablement être menée à une heureuse conclusion. De la nature des intérêts des parties qui y participaient, il y avait peu d'espérance qu'aucun arrangement satisfaisant pourrait être fait en manière de restitution réciproque, en rendant leurs acquisitions respectives ; tandis que de l'autre côté le principe de *uti possidetis* se présentait naturellement comme le mode de mettre fin aux hostilités malheureuses entre les deux nations, dont toutes les deux sont en possession de conquêtes étendues et importantes, en territoire et en influence ; la France sur le continent de l'Europe, et la Grande-Bretagne dans d'autres parties du Monde,

A S. M. cette vérité paraissait encore plus frappante en se représentant, que toutes les deux nations jouissaient dans leurs acquisitions respectives, d'un état de possession, lequel ne pourra guere souffrir de changement important par la continuation de la guerre ; la supériorité des forces navales de la Grande-Bretagne n'étant, selon toutes les apparences, pas moins fermement établie sur mer, que celle des armées de France sur le continent de l'Europe.

C'est sous l'impression que ces idées produisaient naturellement, que S. M., sans hésiter, accepta la proposition de traiter sur le principe de *uti possidetis*, avec la réservation due à la connection et au concert, qui subsistaient avec l'empereur de Russie ; et comme une preuve de sa sincérité elle choisit la personne, par laquelle cette communication a été faite, pour annoncer l'alacrité avec laquelle elle a accédé à la base proposée pour conclure un traité.

Le soussigné n'a nulle disposition de cacher sa satisfaction que S. M. avait sentie dans ces perspectives heureuses, de rendre promptement les bénédictions de la paix à ses sujets sur des principes justes et équitables, et qui sont conformes à l'honneur de sa couronne, ni le regret qu'elle a éprouvé quand presqu'au moment même où l'accession de S. M. au principe offert à son acceptation, fut annoncée, ce principe était abandonné subitement, par la demande de l'évacuation et de la reddition de la Sicile ; une demande, laquelle jusqu'ici n'a été modifiée que par des projets d'indemnité pour S. M. sicilienne, qui paraissent tout-à-fait insuffisans et inadmissibles.

Cette demande, si incompatible avec les principes avoués, sur lesquels les deux parties traitaient, était de soi-même suffisante pour mettre fin à la négociation ; mais l'anxiété de S. M. le roi de la Grande-Bretagne et d'Irlande de concourir, avec son allié l'empereur de Russie, et d'assurer à ses sujets les bénédictions de la paix, l'a persuadé de recevoir toute autre proposition nouvelle qu'on pourrait faire, pour procurer à S. M. sicilienne, en échange de la Sicile, un équivalent réel et satisfaisant, lequel devrait obtenir le consentement de ce souverain.

Aucune proposition satisfaisante de cette nature n'ayant encore été faite, le sousigné doit déclarer, qu'il ne peut pas consentir à traiter autrement que sur le principe de *uti possidetis*, comme originairement proposé à son souverain par la cour de France. En même tems il souhaite qu'il soit bien entendu, que l'adoption de ce principe ne l'empêchera pas ni d'écouter à une indemnisation juste et satisfaisante à S. M. sicilienne, pour la cession de la Sicile, ni d'accepter quelque proposition pour l'échange de territoire entre les deux parties contractantes, sur des principes justes et égaux, et tels qu'ils puissent tendre à l'avantage réciproque des deux pays.

Le soussigné conçoit bien que depuis que l'*uti possidetis* a été proposé par la cour de France, la paix a été conclue entre la France et l'empereur de Russie, et par conséquent que la situation relative entre les deux pays n'est plus la même ; mais, au contraire, il doit aussi observer que depuis ce tems-là la France a acquis de nouveaux avantages par des changemens étendus qu'elle a faits dans la constitution de l'Empire germanique, un arrangement dont la prévention a été soumise par elle à la cour de la Grande-Bretagne, comme

un motif puissant pour la conclusion immédiate de
la paix , sur la base d'*uti possidetis*. Si donc ce
principe paraissait juste et raisonnable auparavant
il ne peut pas manquer à présent , selon ses propres vues de l'objet , d'être encore plus favorable
à ses intérêts , qu'à ceux de l'Empire britannique.

Le soussigné juge nécessaire d'observer que ,
quoique la France puisse avoir d'autres vues d'ac-
quisions importantes sur le continent de l'Europe ,
S. M. le roi de la Grande-Bretagne et d'Irlande ,
peut bien justement avoir la perspective dans d'autres parties du Monde d'une importance infinie au
commerce et à la puissance de son Empire , et
conséquemment qu'il ne peut pas , conformément
ni aux intérêts de son peuple , ni à l'honneur
de sa couronne , négocier sur aucun principe
d'infériorité , ni déclaré ni supposé. Il ne peut traiter sur aucun autre pied que sur l'hypothèse que
la continuation des hostilités est également dé-
savantageuse à toutes les deux parties. Il ne peut
y avoir aucune raison de supposer que les conquêtes que S. M. se propose de garder par la paix
pourraient lui être remportées par la guerre , et
le soussigné doit supposer que la meilleure preuve
de l'équité des bases sur lesquelles il se propose
de traiter , se trouve dans le fait qu'elles ont
été proposées par la France à la premiere ouverture de ces communications entre les deux
gouvernemens , qui ont amené la mission dont
son souverain l'a chargé , conjointement avec le
comte d'Yarmouth.

LAUDERDALE.

Paris le 7 août 1806.

Nº XIV.

Le soussigné ministre plénipotentiaire de S. M.
l'Empereur , Roi d'Italie , a mis sous les yeux de
son Gouvernement la note remise hier par S. Exc.
lord Lauderdale , plénipotentiaire de S. M. Britannique.

S. M. l'Empereur , Roi d'Italie , n'a pu qu'être
péniblement affecté de voir qu'une négociation qui

a déjà été l'objet de tant de pourparlers , qui a donné lieu à l'envoi de tant de courriers de part et d'autre , qui était enfin déjà conduite à sa maturité , ait soudainement rétrogradé de maniere à présenter des obstacles , non dans la nature des stipulations , mais quant aux bases mêmes d'après lesquelles cette négociation fut ouverte.

La cour de France s'est constamment refusée à admettre dans une même négociation les cours d'Angleterre et de Russie , et quelque desir qu'ait S. M. l'Empereur des Français , Roi d'Italie , de voir la paix générale bientôt rétablie , il n'est aucune considération qui eût pu le porter à violer ce principe de sa politique. D'ailleurs , les négociations que la France avait entamées à Pétersbourg avaient convaincu S. M. l'Empereur , Roi d'Italie , que le cabinet anglais se faisait illusion sur la nature de ses relations avec la Russie.

Après plusieurs mois de discussion , le cabinet de Londres céda sur ce point, et S. Exc. le comte d'Yarmouth arriva publiquement à Calais , puis à Paris pour traiter de la paix. Il eut, dès son arrivée dans cette capitale , des conférences avec S. Exc. le ministre des relations extérieures , après lui avoir fait connaître préalablement qu'il était duement autorisé par son gouvernement.

Depuis cette époque , la Russie a conclu sa paix avec la France ; le soussigné a été nommé ministre plénipotentiaire pour traiter avec le plénipotentiaire de S. M. Britannique , et la premiere démarche a été un échange de ses pouvoirs avec ceux de S. Exc. le comte d'Yarmouth, qu'il a dû croire , ainsi que le portent les pleins-pouvoirs de S. Exc. autorisé à traiter , à conclure et à signer un traité définitif entre la France et le royaume-uni de la Grande-Bretagne et de l'Irlande.

De très-fréquentes conférences , la plupart de plusieurs heures , ont eu lieu depuis entre les deux plénipotentiaires , qui , de bonne foi de part et d'autre , s'appliquerent à applanir les difficultés , et mirent de côté tout ce qui eût pu aigrir les esprits ou embarrasser et retarder inutilement la marche de la négociation.

Au lieu de se remettre de part et d'autre des notes plus ou moins adroites, mais qui éloignent plus qu'elles ne rapprochent du but qu'on veut atteindre ; au lieu d'entamer de ces controverses écrites, non moins préjudiciables à l'humanité que les hostilités à main armée, et qui prolongent les malheurs des peuples ; au lieu surtout de négocier la paix comme on fait la guerre, les plénipotentiaires eurent des conférences franches, dans lesquelles S. M. l'Empereur et Roi accorda tout ce qu'il put accorder sans perdre de vue la dignité de sa couronne, son amour pour ses peuples et l'intérêt de ses alliés.

Jamais on ne réduira S. M. à d'autres sacrifices.

La marche que prend S. Exc. le comte de Lauderdale, nouveau plénipotentiaire de S. M. Britannique ne semble-t-elle pas annoncer qu'une multitude de notes ne suffira même pas pour que les deux gouvernemens s'entendent, et ne court-on pas évidemment le risque, en adoptant une telle marche, dont l'abus a été si manifeste de nos jours, de s'entendre encore moins qu'on n'a fait jusqu'ici ? Si on ne veut au contraire que créer des pieces qu'on puisse ensuite présenter au parlement de la Grande-Bretagne, S. M. l'Empereur et Roi n'éprouve pas le même besoin. C'est la paix qu'il desire ; cette paix également honorable pour la France, pour la Grande-Bretagne et pour leurs alliés, que le travail assidu et mutuel des plénipotentiaires respectifs avait rendu acceptable par les deux Gouvernemens.

Cependant pour faire paraître aux yeux de tous son amour pour la justice et la sincérité de ses sentimens pacifiques, et pour qu'on connaisse véritablement à qui on doit attribuer tout empêchement à la marche de la négociation, S. M. l'Empereur et Roi a daigné permettre au soussigné de discuter ici la vaine question relative à la base de cette négociation déjà avancée, et sur le point d'être terminée.

Dans la lettre écrite à S. Exc. M. Fox, le 1er avril, par S. Exc. le ministre français des relations

extérieures , ce ministre annonça que S. M. l'Empereur et Roi adoptait entiérement le principe
exposé dans la dépêche de S. Exc. M. Fox du 26
mars , et présenté comme base de la négociation ,
« que la paix proposée doit être honorable pour
» les deux cours et pour leurs alliés respectifs. »

Dans sa lettre du 2 juin à S. Exc. M. Fox ,
S. Exc. le ministre des relations extérieures alla
plus loin. Il proposa , au nom de S. M. l'Empereur
et Roi , d'établir pour bases deux principes fondamentaux , le premier tiré de la lettre de M. Fox
du 26 mars , savoir : « Que les deux États auront
» pour objet que la paix soit honorable pour eux
» et pour leurs alliés respectifs , en même tems
» que cette paix serait de nature à assurer , autant
» qu'ils le pourront , le repos futur de l'Europe. »
» Le second principe était » une reconnaissance
» en faveur de l'une et de l'autre puissance de tout
» droit d'intervention et de garantie pour les af-
» faires continentales et pour les affaires mari-
» times. »

Telles sont les bases adoptées par le gouvernement britannique et convenues avec lui. Jamais il
n'a pu venir dans la pensée de S. M. l'Empereur
et Roi , de prendre pour base de la négociation
l'*uti possidetis*. Si telle eût été sa pensée , il eût
gardé la Moravie , une partie de la Hongrie , la
Styrie , la Carniole , la Croatie , toute l'Autriche ,
ainsi que sa capitale. Trieste et Fiume et le littoral
environnant seraient encore en sa puissance ,
comme Gênes et Venise. Le Hanovre , Osnabruck
et toutes les embouchures des grandes rivieres du
Nord de l'Allemagne seraient soumis à son Empire,
et certes alors S. M. l'Empereur et Roi aurait pu
sans difficultés laisser le Cap , Surinam , Tabago,
Sainte-Lucie , Pondicheri , etc. au pouvoir de S. M.
britannique.

Quant à la Sicile , dans cette hypothese même ,
S. M. l'Empereur et Roi ne l'aurait pas laissée à
ses ennemis ; mais S. M. aurait pensé seulement
que la conquête de cette île aurait dû précéder
l'ouverture des négociations , et lorsque la Prusse

et la Russie ont ou garanti ou reconnu les changemens arrivés dans le royaume des Deux-Siciles , doit-on présumer que l'Angleterre eût pu empêcher la conquête de la Sicile qui n'est séparée du Continent que par un canal de moins de deux mille toises ?

Et en supposant même que le Cap et Surinam et autres possessions hollandaises eussent pu être détachées définitivement du royaume de Hollande, n'est-il pas certain que son incorporation avec l'Empire français eût été la suite nécessaire du refus qu'aurait fait l'Angleterre de lui restituer ses colonies ? Quel serait en effet le moyen de maintenir une nation qui n'aurait que des dettes , et à laquelle l'absence absolue de tout commerce ôterait tout moyen de les payer ? Quelque chose que puissent alléguer LL. EE. les plénipotentiaires de S. M. britannique, il est impossible qu'ils ne soient pas convaincus qu'il est extrêmement différent pour la Grande-Bretagne de voir le Texel et l'embouchure du Rhin et de la Meuse soumis aux douanes françaises , ou de les voir soumis à celles des Hollandais. Ainsi donc, sans la restitution de ses colonies , la Hollande deviendrait forcément une province de l'Empire français ; car en acceptant la couronne de Hollande , le prince Louis a déclaré formellement son intention d'y renoncer , si les colonies hollandaises n'étaient restituées à la paix générale.

Que le Hanovre devienne en outre une province de France ; que Trieste , Fiume et leurs territoires deviennent également des provinces du royaume d'Italie , et que la Grande-Bretagne garde en compensation le Cap, Surinam , Malte , Pondichéry, etc. , la France y consentira , et le grand principe *uti possidetis* sera appliqué dans toute son étendue pour le présent et à l'avenir.

Que le nouveau ministre plénipotentiaire de S. M. britannique trouve dans l'histoire du Monde une négociation terminée d'après l'*uti possidetis*, entre deux grands peuples ? qu'il examine si l'*uti possidetis* n'appartient pas plutôt à un armistice qu'à une paix ? Il est impossible de ne pas dire qu'en proposant à la France l'*uti possidetis*, surtout dans les circonstances actuelles, on a dû s'être formé une étrange idée du caractère de l'Empereur Napoléon, et qu'il faut qu'on l'ait cru réduit à un singulier état d'abaissement et de détresse.

Mais en demandant l'*uti possidetis*, S. E. le le comte de Lauderdale, plénipotentiaire de S. M. britannique, sans avoir égard au principe qu'il avance, veut cependant changer le destin d'un état continental tout entier, lequel fournissait vingt-cinq mille hommes à l'Angleterre, et lui a fourni une partie des moyens qu'elle montra dans la guerre de sept ans, et même dans la guerre de la révolution française aux armées du Nord. Ainsi donc, on veut l'*uti possidetis*, pour ôter à la France tout son commerce, tous ses établissemens et ruiner ses alliés ; mais on veut violer le principe de l'*uti possidetis*, pour obliger la France à renoncer à ses engagemens, à rompre ses traités, à dissoudre enfin tout son système continental, N'est-ce pas proposer une paix mille fois plus désastreuse que la plus longue guerre, et des conditions capables d'exciter l'indignation de tous les Français ? Quoi ! la France aurait vaincu toutes les puissances soldées par l'Angleterre, pendant la durée des trois coalitions, pour se voir imposer des conditions aussi injustes que déshonorantes, malgré la modération et la générosité qu'elle a montrée.

S. E. monsieur Fox a proposé lui-même « que » la paix fût honorable pour les deux cours et pour » leurs alliés respectifs. »

S. M. l'Empereur et Roi ne pourrait regarder la paix comme honorable, si par une de ces conditions il devait perdre un seul de ses sujets ; et quelque peu importante que puisse être la colonie de Tabago, il suffit qu'elle ait fait partie de l'Empire français au moment où S. M. a pris les rênes du Gouvernement, pour que S. M. ne signe jamais un traité où l'aliénation de cette colonie ou

de toute autre qui lui appartient de la même manière serait comprise. Aucun Anglais raisonnable
n'a pu se flatter du contraire, et dans sa position,
S. M. perdrait, si elle y consentait, l'estime de
tout ce qu'il y a de braves et de généreux même
chez ses ennemis.

Le soussigné est chargé de déclarer que S. M.
L'Empereur et Roi estime à déshonneur la seule
idée d'une négociation basée sur l'*uti possidetis*.
Elle est d'autant plus contraire à ses principes, que
S. M. a restitué ses conquêtes, et qu'elle régne-
rait sur une population double de celle qui lui est
soumise, si lors des paix qu'elle a faites, à l'ex-
piration des diverses coalitions, elle avait pris pour
unique principe l'*uti possidetis*.

Le soussigné est également chargé de déclarer
que les seules bases de négociation que S. M.
l'Empereur et Roi veuille adopter, sont celles
proposées en partie par S. E. monsieur Fox, et en
partie contenues dans la lettre qui lui a été adressée le 2 juin par le ministre des relations extérieures, et rappelées dans le 12ᵉ paragraphe de
la présente note.

S. M. l'Empereur et Roi n'exige de la Grande-
Bretagne rien qui soit contraire aux intérêts de ses
alliés ; elle doit s'attendre qu'on n'exigera d'elle-
même rien de contraire aux intérêts de ses propres
alliés.

Le soussigné est chargé d'ajouter qu'il se réfere
à tout ce qui avait été préparé par les effets mutuels
de S. E. le comte d'Yarmouth et du soussigné.

Si la paix ne se rétablit pas, ce n'est pas la
France qui pourra être accusée d'avoir changé,
mais l'Angleterre ; quoique la paix entre la France
et la Russie, et d'autres événemens défavorables
à la Grande-Bretagne aient eu lieu depuis que la
négociation a été entamée et presque amenée à
sa conclusion de concert avec S. E. le comte
d'Yarmouth.

Le soussigné saisit cette occasion d'assurer leurs
excellences les comtes de Lauderdale et d'Yarmouth de sa haute considération.

Signé, Clarke.

N°. XV.

Les soussignés plénipotentiaires de S. M. britannique, ne croient pas devoir se permettre d'entrer dans une considération détaillée de la note officielle qui vient de leur être remise de la part de Son Excellence le général Clarke, en date du 8 août. D'après la maniere dont les différens points qui font le sujet de cette note y sont traités, il leur serait impossible de les discuter avec le calme et avec cet egard dus aux convenances qu'exige le caractere dont ils sont revêtus de la part de leur souverain. Mais le sujet de cette note est d'une nature si générale et si étrangere à l'objet immédiatement en question, qu'il serait parfaitement inutile de le prendre en considération dans le moment actuel.

Le soussigné comte de Lauderdale, loin de penser que la maniere de discuter par écrit les points fondamentaux d'une négociation puisse augmenter en aucune façon la difficulté de s'entendre, croit au contraire appercevoir déjà des preuves manifestes de son utilité, en ce que la note officielle présentée par lui depuis son arrivée, a amené la négociation à une issue non équivoque, & a mis fin aux mal-entendus sans doute réels qui ont eu lieu, et qui n'auraient jamais pu exister si la même méthode avait été adoptée dès le commencement de la négociation.

Le soussigné comte de Yarmouth se voit obligé de revenir sur la maniere dont il a été donné à entendre qu'il ait débarqué à Calais revêtu d'un caractere public pour traiter de la paix. Il n'est venu que pour rendre en personne et de vive-voix, la réponse à une communication qu'il avait été prié de faire au gouvernement anglais, fondée sur la base de *l'uti possidetis* d'après les paroles suivantes de S. Exc. M. de Talleyrand : « Nous ne vous demandons rien » ; accompagnée d'assurances positives que la restitution des possessions allemandes de S. M. n'éprouverait aucune résistance. Le même sentiment se trouve également exprimé dans la lettre de M. de Talleyrand à M. Fox, en date du 1er avril. " L'Empereur n'a rien à desirer de ce que possede l'Angleterre. "

Le comte de Yarmouth se croit également obligé de ne pas passer sous silence les remarques faites par S. Exc. le général Clarke, au sujet des délais dans la négociation et de la fréquente communication par couriers. Les réponses de S. M. britannique ont toujours été franches et promptes, et si le nombre des couriers a été considérable, ce ne peut être attribué qu'à des motifs étrangers à S. M.

Les soussignés comtes de Lauderdale et de Yarmouth ne peuvent aucunement souscrire à l'opinion énoncée par S. Exc. le général Clarke dans ladite note, que la négociation " ait été entamée et presque amenée à sa conclusion " dans l'intervalle qui s'est écoulé entre l'époque de la connaissance officielle donnée par le comte de Yarmouth de ses pleins-pouvoirs, et l'arrivée du comte de Lauderdale. Au contraire, ils regardent cette négociation comme ayant à peine commencé. Les conversations auxquelles on a fait allusion ont consisté de la part du plénipotentiaire français, à faire des demandes que le soussigné comte de Yarmouth a uniformément déclaré être inadmissibles ; et de la part de lord Yarmouth à se retrancher dans les bornes de l'*uti possidetis*, comme n'ayant aucune instruction de la part de son gouvernement pour admettre d'autre base de la négociation ; base suggérée par la France dans la communication faite par le comte de Yarmouth, et précédemment annoncée dans la lettre de M. de Talleyrand, du 1er avril.

Les soussignés comtes de Lauderdale et de Yarmouth croient inutile de répéter ici les motifs énoncés dans la note officielle présentée par le comte de Lauderdale, et qui ont fait regarder par S. M. la base de l'*uti possidetis* proposée par la France comme susceptible d'une application particuliere à l'état respectif des deux pays.

(48)

C'est pour eux un profond sujet de regret que
par l'abandon absolu , et d'une manière aussi
prononcée de cette base de la part du Gouvernement français , l'attente et les espérances des
deux peuples se voient entièrement frustrées.

Il ne reste aux comtes de Lauderdale et de
Yarmouth qu'à déclarer que S. M. , toujours prête
à écouter des conditions de paix justes et honorables , se repose avec confiance sur les moyens
que lui fournissent la loyauté et l'affection de ses
sujets. Elle ne se prêtera jamais à des propositions
quelconques de négocier sur des bases incompatibles avec l'honneur de sa couronne , et les
véritables intérêts de ses sujets.

LAUDERDALE.
YARMOUTH.

Paris , le 9 août 1806.

Nº XVI.

Monsieur ,

Les prétentions mises en avant par le Gouvernement français dans la note officielle de Son Exc.
le général Clarke , si incompatibles avec la base
proposée d'abord par le même Gouvernement , ne
nous laissant point d'autre alternative que celle de
retourner auprès de notre gouvernement , nous
avons l'honneur de prier V. Exc. de vouloir bien
nous faire expédier les passeports nécessaires pour
nous et notre suite.

Nous profitons de cette occasion pour renouveller à V. Exc. les assurances de la haute considération avec laquelle nous avons l'honneur d'être,

De Votre Excellence ,

LAUDERDALE ; YARMOUTH.

Paris le 9 août 1806 , 6 heures et demie p. m.

Nº XVII.

Les comtes de Lauderdale et de Yarmouth ont
l'honneur de réitérer à Son Exc. le ministre des
relations extérieures , la demande qu'ils ont eu
l'honneur de lui faire hier à six heures et demie

après

après midi , des passeports nécessaires pour eux et pour leur suite , ainsi que d'un passeport pour un courier qui l'attend pour partir.

Ils ont l'honneur de renouveller les assurances de leur haute considération.

Paris le 10 août 1806, 11 heures a. m.

No XVIII.

Paris le 11 août 1806 , 10 heures a. m.

Monsieur ,

Il est de notre devoir de réitérer la demande déjà deux fois faite d'un passeport de courier, et en même tems celle des passeports nécessaires pour notre retour en Angleterre.

Nous croyons devoir aussi remarquer à V. Exc. que ces demandes furent faites avant-hier samedi à 6 heures et demie du soir ; qu'elles furent renouvellées auprès de V. Exc. hier matin dimanche à onze heures , et que , jusqu'à présent , nous n'avons reçu aucune réponse à ces demandes.

Lorsque V. Exc. se rappelle qu'il s'est passé près de vingt-quatre heures depuis que nous nous sommes adressés pour la seconde fois à V. Exc. , et que , sans parler de nos propres passeports , nous nous sommes vus privés dans l'intervalle des moyens d'envoyer un courier en Angleterre , elle ne peut qu'être entiérement persuadée que , si nous nous abstenons de toute remarque sur un procédé aussi extraordinaire et aussi contraire aux usages reçus , c'est par le desir d'éviter autant et aussi long-tems qu'il sera possible , tout ce qui pourrait occasionner de l'aigreur , et changer la nature et le ton des communications qui ont eu lieu jusqu'à présent entre les deux Gouvernemens.

Nous prions V. Exc. de vouloir bien agréer les assurances de la haute considération avec laquelle nous sommes ,

LAUDERDALE.

YARMOUTH.

D

N.º XIX.

Paris, 11 août 1806.

Les soussignés, ministres plénipotentiaires de S.M. l'ÉMPEREUR DES FRANÇAIS, ROI D'ITALIE, ont lu avec attention la note en date du 9 août, que leur ont adressée leurs excellences les plénipotentiaires de S. M. le roi du royaume-uni de la Grande-Bretagne et d'Irlande, et dans laquelle ils proposent encore l'*uti possidetis* comme base de la négociation.

Les plénipotentiaires français ne savent s'ils doivent penser que, de l'adoption de ce principe, il résultât pour l'Angleterre le droit d'exiger du Gouvernement français, pour elle et ses alliés, toutes les restitutions à sa bienséance, sans qu'elle fût tenue à aucune restitution envers la France et ses alliés, des conquêtes qu'elle a faites. Cette prétention serait tellement extraordinaire, qu'autant vaudrait dire que la France signera toutes les conditions qu'il plaira aux plénipotentiaires anglais de rédiger, et certes on ne peut penser que telle soit réellement l'intention du ministere anglais. Il n'a pas envoyé des plénipotentiaires uniquement pour exiger l'admission d'une base indéterminée, qui les rendrait maîtres de toutes les conditions du traité. Dans un état de choses aussi obscur, les plénipotentiaires français demandent des explications propres à les éclairer et à faire marcher la négociation : elles consistent à faire connaître quelles sont les conquêtes que l'Angleterre veut garder ; quelles sont celles qu'elle veut rendre à la France et à ses alliés, et quelles sont les conquêtes de la France dont elle desire la restitution. Alors se développera un système de compensation qui donnera une idée claire des principes et des intentions du cabinet britannique. Les plénipotentiaires français sauront quels engagemens ils contractent par l'adoption de la base qui leur est proposée, et certes ils ne peuvent consentir à cette adoption sans comprendre ce qui leur est demandé.

En posant les principes de l'*uti possidetis*, les

plénipotentiaires anglais auraient-ils en vue de proposer un moyen d'échange et de compensation ?
Dans ce cas, l'EMPEREUR l'adopte, parce qu'il le
trouve conforme aux deux principes déjà consentis
de part et d'autre dans les lettres du ministre français des relations extérieures, et du secrétaire d'E-
tat du département anglais des affaires étrangeres;
savoir :

1°. Au principe posé par M. Fox dans sa lettre
du 26 mars dernier, " que les deux parties auront
" pour objet que la paix soit honorable pour tou-
" tes les deux et leurs alliés respectifs, et en même
" tems de nature à assurer, autant qu'elles le pour-
" ront, le repos futur de l'Europe. "

2°. Au principe joint au précédent par le ministre des relations extérieures dans sa lettre du 2 juin
suivant, lequel consiste en " une reconnaissance
" et faveur de l'une et de l'autre puissance, de tout
" droit d'intervention et de garantie pour les affai-
" res continentales et pour les affaires maritimes. "

Les soussignés assurent LL. EE. les plénipotentiaires de S. M. britannique de leur haute considération.

Signé CLARKE, CHAMPAGNY.

N° X X.

Monsieur,

Nous recevons à l'instant une note signée par
Leurs Excellences M. de Champagny et M. le général Clarke, à laquelle dans toute autre circonstance nous aurions répondu sur le champ.

Mais notre devoir est de remarquer à V. Exc. que
depuis six heures et demie du soir d'avant-hier,
nous sommes restés sans réponse à la demande
d'un passeport de courier, ainsi qu'à celle de nos
propres passeports, quoique cette demande ait été
réitérée successivement et jusqu'à trois fois pendant cet espace de tems.

Il est de la plus haute importance, dans la position où nous sommes, d'assurer une communication parfaitement libre et non interrompue, et

D 2

aussi fréquente que nous le jugeons nécessaire avec notre gouvernement.

Nous prions donc V. Exc. de nous satisfaire à ce sujet, afin que nous sachions si dans tous les cas possibles où nous jugerions à propos de demander des passeports, soit pour nous-mêmes, soit pour des courriers, nous soyons sûrs de les obtenir sans aucun délai.

Il nous est également nécessaire d'observer que nous n'avons aucune réponse aux instances que nous avons faites auprès de V. Exc. au sujet de M. Goddard.

Nous avons l'honneur de renouveller à V. Exc. les assurances de la haute considération avec laquelle nous sommes,

LAUDERDALE, YARMOUTH.

Paris le 11 août, 6 heures et demie p. m.

Nº XXI.

Copie d'une note adressée aux lords Lauderdale et Yarmouth par S. Exc. le ministre des relations extérieures, le 11 août 1806.

Le soussigné ministre des relations extérieures a l'honneur d'adresser à Leurs Excellences mylord Lauderdale et mylord Yarmouth, ministres plénipotentiaires de S. M. le roi d'Angleterre, le passeport de courier qu'elles ont demandé. Il regrette que l'interruption de travail accordée aux bureaux le jour de dimanche ne lui ait pas permis de l'envoyer plus tôt. Quant à celui que LL. EExc. ont demandé pour eux-mêmes, le soussigné se flatte qu'ils donneront au retard de cette expédition l'interprétation la plus naturelle et la plus propre à prévenir de leur part toute espece de plainte. Le soussigné ne craindra jamais la responsabilité des lenteurs qui auront pour objet de prolonger de quelques jours l'espoir de pacifier deux grands Etats et de faire cesser le fléau de la guerre sur les quatre parties du Monde. Le soussigné prie Leurs Excellences d'agréer, etc.

Signé CH. M. TALLEYRAND, *prince de Bénévent.*

N°. XXII.

Les soussignés plénipotentiaires de S. M. britannique n'auraient pas différé la réponse à la note du 11 août qui leur a été remise de la part de leurs excellences les plénipotentiaires du Gouvernement Français ; mais les demandes réitérées qu'ils avaient faites à son Excellence le ministre de l'extérieur, des passeports même pour leur courier étant restées sans réponse, ils ont cru préalablement devoir constater s'ils continueraient à jouir de la communication libre et non interrompue avec leur gouvernement, telle qu'elle a toujours subsisté en pareil cas chez tous les gouvernemens de l'Europe.

L'explication que les soussignés ont reçue de la part de S. E. le ministre des relations extérieures leur fait espérer que dans quelque circonstance que ce puisse être, un pareil retardement n'aura plus lieu. Après avoir mûrement pesé la note de leurs Exc., les soussignés observent, que le gouvernement britannique, bien loin de prétendre à exiger du gouvernement " français toutes " les restitutions à sa bienséance, sans qu'il soit " tenu à aucune restitution envers la France, " n'a témoigné d'autre desir que celui de traiter avec le gouvernement français sur la base qui lui a été proposée par la France elle-même, telle qu'elle se trouve exprimée dans la note de lord Lauderdale ; savoir, " de traiter généralement sur " la base de *l'uti possidetis*, qu'on devait obser- " ver scrupuleusement, excepté dans le cas du " Hanovre, qu'on se proposait de céder à S. M. " britannique en entier ".

Quand même il serait possible de se méprendre sur les résultats à tirer nécessairement de ce principe, les discussions de vive voix qui eurent lieu le 9 du courant, entre les plénipotentiaires français et les soussignés, ne permettaient pas de douter que la proposition ainsi énoncée n'eût été parfaitement entendue par ces plénipotentiaires. En conséquence, les soussignés n'ont qu'à répéter , que d'après les instructions de leur gouvernement , ils ne peuvent faire autrement que d'insister sur ce que ce principe soit préalablement reconnu. Ce n'est qu'à cette condition qu'il leur est permis de continuer la négociation.

Dès que l'on sera d'accord sur ce principe , les soussignés seront prêts à entamer la discussion des autres points indiqués dans la note de lord Lauderdale.

Il ne reste aux soussignés qu'à ajouter. que si le Gouvernement français témoigne la disposition d'adhérer à la proposition , telle que S. M. britannique la suppose avoir été faite par le Gouvernement français, ils s'en féliciteront comme d'un événement des plus fortunés , événement qui promet (d'après le sentiment de M. Fox , cité par leurs Exc.) " une paix honorable pour les deux » nations , et en même temps de nature à assu» rer le repos futur de l'Europe ».

LAUDERDALE , YARMOUTH.

Paris ce 11 août , onze heures , p. m. 1806.

N°. X X I I I.

Paris ce 14 août , 1806 , à deux heures , p. m.

MONSIEUR ,

Nous croyons devoir prévenir votre Exc. , que de très-bonne heure dans la matinée du 12 du courant , nous avons transmis à leurs Exc. les plénipotentiaires français , une note en réponse à celle de leurs Exc. reçue le 11 du même mois. Dans cette réponse , nous nous sommes appliqués à indiquer de nouveau les points qui nous parassaient exiger . sous une forme quelconque , une explication préalable pour nous autoriser en conformité avec nos instructions à poursuivre la négociation actuelle.

Le silence de leurs Exc. les plénipotentiaires français à cet égard , nous donne lieu à présumer que dans le moment actuel nous ne devons pas nous attendre à une pareille explication de leur part.

C'est d'après cette idée que nous desirons mettre un terme à l'attente générale des deux nations, vu le peu d'apparence qu'il y a de le voir réalisé. Nous sentons que la demande que nous faisons dans de pareilles circonstances des passeports pour notre retour, pourrait être susceptible d'interprétations d'une nature à retarder l'heureux moment où les vues du gouvernement français se rapprocheront d'avantage de celles qu'on lui avait supposées. C'est pour ôter jusqu'à la possibilité d'un pareil inconvénient que nous croyons devoir assurer votre Exc. qu'une démarche quelconque qui aurait l'effet de mettre des obstacles au renouvellement de la négociation serait par-là même contraire à nos intentions ; malgré que par les raisons que nous avons détaillées, nous nous voyions obligés de mettre un terme à notre mission.

Il ne nous reste plus que d'assurer votre Exc. que si, pour le bonheur des deux nations, il arrivait que nous nous fussions trompés dans l'induction que nous avons tirée du silence des plénipotentiaires français, nous attendrons pendant un tems raisonnable les explications que leurs Exc. pourraient avoir à nous communiquer.

Pour prévenir cependant la répétition d'une demande aussi pénible pour nous de faire, qu'il le serait à V. Exc. de la recevoir dans le cas où les négociations n'auraient point une issue favorable, nous la prions de nous munir des passeports nécessaires pour nous et notre suite, pour être mis en usage selon les circonstances.

Nous avons l'honneur de renouveller à V. Ex. les assurances de notre haute considération.

LAUDERDALE, YARMOUTH.

N°. X X I V.

Paris le 17 août 1806.

Le soussigné a l'honneur de prévenir S. Exc. le ministre des relations extérieures, que S. M. britannique a daigné accueillir la demande du comte de Yarmouth, et lui permettre de retourner en Angleterre. D'après la teneur des pleins-pouvoirs du soussigné déjà communiqués à leurs Exc. les plénipotentiaires français , il est autorisé à traiter conjointement ou séparément avec le Gouvernement français ; et il vient de recevoir de sa cour de nouvelles instructions précises à cet effet, dans le cas où la réponse à la note du 11 de ce mois serait de nature à permettre au soussigné de poursuivre la négociation.

Le soussigné à l'honneur de renouveller à S. Exc. les assurances de sa haute considération.

LAUDERDALE.

N°. X X V.

Paris , ce 22 août 1806.

Le soussigré ministre plénipotentiaire de S. M. britannique , se voit dans la nécessité de rappeler à S. Exc. le ministre des relations extérieures, 1° que dans la matinée du 12 de ce mois, une note signée par le soussigné et par le comte de Yarmouth , en date du 11 , fut remise à S. Exc. le général Clarke , dans laquelle les soussignés observèrent , "que le gouvernement britannique ,
,, bien loin de prétendre à exiger du Gouverne-
,, ment français toutes les restitutions à sa bien-
" séance , sans qu'il fût tenu lui-même à aucune
,, restitution envers la France , n'a témoigné d'au-
,, tre desir que celui de traiter avec le Gouverne-
,, ment français sur la base qui lui a été proposée
,, par la France elle-même , telle qu'elle se trouve
,, exprimée dans la note de lord Lauderdale ; sa-
,, voir , de traiter généralement sur la base de
,, *uti possidetis* , que l'on devait observer scrupu-
,, leusement , excepté dans le cas du Hanovre ,
,, qu'on se proposait de céder à S. M. britannique
,, en entier. Que quand même il serait possible
,, de se méprendre sur les résultats à tirer néces-
,, sairement de ce principe , les discussions de
,, vive voix , qui eurent lieu le 9 du courant , en-
,, tre les plénipotentiaires français et les soussignés,
,, ne permettraient pas de douter que la proposi-
,, tion ainsi énoncée n'eût été parfaitement enten-

» due de ces plénipotentiaires ; qu'en conséquence,
» les soussignés n'avaient qu'à répéter que d'aprés
» les instructions de leur gouvernement , ils ne
» pouvaient faire autrement que d'insister sur ce
» que ce principe fût préalablement reconnu , et
» que ce n'était qu'à cette condition qu'il leur était
» permis de continuer la négociation. »

2°. Que le 14 de ce mois le soussigné , conjointe-
tement avec le comté de Yarmouth , eut encore
l'honneur de marquer par écrit à S. Exc. le ministre des relations extérieures , " que le silence de
» leurs Exc. les plénipotentiaires français , » par
rapport à la note du 11 de ce mois " donnait lieu
» aux soussignés de présumer, que dans le moment
» actuel ils ne devaient pas s'attendre à une ex-
» plication telle qu'elle avait été demandée dans la
» note du 11 , pour autoriser les soussignés , en
» conformité avec leurs instructions , à poursuivre
» la négociation. »

" Que d'après cette idée , ils desiraient mettre
» un terme à l'attente générale des deux nations ,
» vu le peu d'apparence de la voir réalisée. Qu'ils
» sentaient que la demande faite dans de pareilles
» circonstances , des passeports pour leur retour .
» pourait être susceptible d'interprétations d'une
» nature à retarder l'heureux moment où les vues
» du Gouvernement français se rapprocheraient
» davantage de celles qu'on lui avait supposées.
» Que pour ôter jusqu'à la possibilité d'un pareil
» inconvénient , ils croyaient devoir donner des
» assurances , qu'une démarche quelconque qui
» aurait l'effet de mettre des obstacles au renou-
» vellement de la négociation , serait par là même
» contraire à leurs intentions , malgré que , par les
» raisons déjà détaillées , ils se voyaient obligés de
» mettre un terme à leur mission. »

Le soussigné, en voyant tarder la réponse à ces
communications . s'est persuadé que ce délai pouvait provenir de dispositions favorables au progrés
de la négociation , et qu'il serait enfin compensé
par une réponse conforme à cette interprétation.
Lors même qu'il n'en a vu arriver aucune , il a

persévéré également dans une conduite qui a dû prouver incontestablement la sincérité du desir qu'il avait manifesté de recevoir des explications qui le missent en état de poursuivre les objets de sa mission.

Mais si, dès le 14 de ce mois, le soussigné, conjointement avec le comte de Yarmouth, s'est vu obligé d'observer à S. Exc. le ministre des relations extérieures, qu'il appréhendait (d'après le silence de leurs Exc. les plénipotentiaires français), qu'il ne serait fait aucune réponse à ce sujet, etc. et si à cette époque ils ont cru devoir déclarer la nécessité où ils étaient, en conformité avec les ordres de leur souverain, de demander des passeports pour leur départ, le soussigné n'a pas besoin de remarquer à S. Exc. le ministre des relations extérieures, combien les nouveaux délais survenus depuis cette date, prescrivent impérieusement au soussigné de renouveler instamment cette demande.

En même tems le soussigné doit ajouter, que ne pouvant se persuader que dans le cas où la réponse ne dût pas être favorable, S. Exc. le ministre des relations extérieures eût différé pendant un aussi long intervalle l'adoption de la seule alternative de l'envoi des passeports, il ne se refuse pas entièrement, même aujourd'hui, à l'espoir de voir établie de nouveau la proposition telle que les ministres de S. M. britannique l'ont comprise avoir été faite de la part du Gouvernement français, puisque c'est ainsi seulement que l'attente des deux nations pourra être enfin réalisée.

Quand même ces espérances ne seraient point fondées, le soussigné ne regrettera jamais un délai qui lui a fourni l'occasion de prouver, d'une manière non équivoque, le desir sincere d'une paix solide et honorable, dont S. M. britannique n'a cessé d'être animée, et dont S. M. a donné la meilleure preuve en autorisant le soussigné à traiter sur la base proposée en premier lieu par la France. C'est dans cette même vue que le soussigné a supporté une aussi longue incertitude sans faire à cet égard la moindre réclamation.

Aujourd'hui en priant S. Exc. le ministre des relations extérieures de lui faire passer provisoirement, et pour être mis en usage dans les cas déjà
indiqués, les passeports nécessaires pour lui et
pour sa suite, le soussigné croit avoir adopté le
seul moyen de prévenir la nécessité où il pourrait
autrement se trouver (s'il se voyait forcé de renouveller cette demande), de l'accompagner de ré-
clamations telles que l'autoriseraient le droit des
gens et la dignité de son souverain.

LAUDERDALE.

N.º X X V I,

Paris, le 25 août 1806.

Le silence constamment maintenu par leurs
Exc. les plénipotentiaires français, ainsi que par
son Exc. le ministre des relations extérieures,
après la note officielle du soussigné et du comte
de Yarmouth, en date du 11 de ce mois; après
la lettre adressée à son Exc. le ministre des relations extérieures en date du 14; et après la note
officielle du soussigné, en date du 22 du courant, semble annoncer clairement que le Gouvernement français a abandonné tout desir de la
paix sur la base que lui-même avait d'abord proposée, et que le soussigné a uniformément déclaré
être la seule et unique base sur laquelle il était
autorisé à traiter avec ce Gouvernement.

Dans cet état des choses, le soussigné ne saurait
se flatter qu'il puisse résulter aucun avantage
de son séjour prolongé à Paris; tandis que d'un
autre côté un délai ultérieur doit nécessairement
donner lieu de croire aux deux nations, ainsi qu'à
l'Europe entière, que la paix, l'objet de leurs
vœux, est sur le point d'être conclue, au moment même où tout espoir raisonnable à cet égard
paraît s'être entièrement évanoui. Fortement pé-
nétré de ce sentiment, le soussigné se voit obligé
à terminer sa mission, en faisant à son Exc. le
ministre des relations extérieures, la demande formelle des passeports nécessaires pour son retour
auprès de son souverain.

En même tems, et d'après l'esprit de conciliation qui a constamment caractérisé toutes ses démarches depuis son arrivée à Paris, le soussigné, aujourd'hui même qu'il se voit obligé, par ses instructions, à faire la demande de ses passeports, ne peut se résoudre à rendre impossible une communication de la part du Gouvernement français, de nature à mettre le soussigné à même de poursuivre la négociation, quoique d'après le silence prolongé de ce Gouvernement, il ne puisse guere s'attendre à une issue aussi favorable.

Ce ne sera donc que dans la matinée de mercredi prochain, 27 de ce mois, que le soussigné aura l'honneur de se rendre en personne chez son Exc. le ministre des relations extérieures, pour faire la demande formelle et définitive des passeports nécessaires pour lui et pour sa suite. Il ajoute seulement que les passeports, dont il fera la demande, seront pour son retour immédiat, et non des passeports pour être mis en usage selon les circonstances, comme il les a en dernier lieu demandés.

LAUDERDALE.

N^o X X V I I.

25 août 1806.

Messieurs les plénipotentiaires de S. M. l'Empereur des Français, Roi d'Italie, desirant entretenir son Exc. M. le comte de Lauderdale, plénipotentiaire de S. M. britannique sur l'objet de la derniere note que son Exc. leur a adressée, l'engage à se rendre demain, vers trois heures, au ministere de l'intérieur, où ils seront réunis, si toutefois cette heure peut convenir à son Excellence.

M. de Champagny a l'honneur de proposer à M. le comte de Lauderdale de dîner chez lui à la suite de la conférence. Il espere que son Exc. voudra bien amener à dîner MM. Goddard, Stewart et Maddisson.

Nᵒ XXVIII.

Le comte de Lauderdale, plénipotentiaire de
S. M. britannique, a l'honneur d'accuser la réception de la note qui vient de lui être remise de la
part de LL. EE. les plénipotentiaires français.

Il aura l'honneur de se rendre, vers trois heures
demain, au ministere de l'intérieur, et de dîner
ensuite chez Son Exc. M. de Champagny. MM.
Goddard, Stewart et Maddisson auront également
l'honneur de s'y rendre pour l'heure du dîner.

LAUDERDALE.

Nᵒ XXIX.

Paris le 29 août 1806.

Au moment de renouer avec LL. EE. les plénipotentiaires français la conférence du 26 de ce
mois, le soussigné plénipotentiaire de S. M. britannique se croit obligé de remettre sous les yeux
de LL. EE. l'état de négociation tel qu'il se trouve
à la suite de la note remise de la part du soussigné
et du comte de Yarmouth, le 12 du courant. LL.
EE. les plénipotentiaires français verront, d'après
cet exposé, qu'au point où en est actuellement la
discussion, il n'est plus permis au soussigné de la
continuer, à moins que, par l'admission de l'unique base sur laquelle il est autorisé à négocier,
LL. EE. ne lui fournissent de nouveaux motifs
pour justifier une pareille détermination.

Dans la note officielle remise à LL. EE. les plénipotentiaires français le 12 août, il leur fut observé, " que le gouvernement britannique, bien
loin de prétendre à exiger du Gouvernement français toutes les restitutions à sa bienséance, sans
qu'il soit tenu à aucune restitution envers la France,
n'a témoigné d'autre desir que celui de traiter avec
le Gouvernement français sur la base qui lui a été
proposée par la France elle-même, telle qu'elle se
trouve exprimée dans la note de lord Lauderdale,
savoir, de traiter généralement sur la base de l'*uti
possidetis*, qu'on devait observer scrupuleusement.

excepté dans le cas du Hanovre, qu'on se proposait de céder à S. M. britannique en entier.

» Quand même il serait possible de se méprendre sur les résultats à tirer nécessairement de ce principe, les discussions de vive voix qui eurent lieu le 9 du courant, entre les plénipotentiaires français et les soussignés, ne permettraient pas de douter que la proposition ainsi énoncée n'ait été parfaitement entendue de ces plénipotentiaires.

» En conséquence les soussignés n'avaient qu'à répéter que, d'après les instructions de leur gouvernement, ils ne pouvaient faire autrement que d'insister sur ce que ce principe fût préalablement reconnu. Ce n'est qu'à cette condition qu'il leur est permis de continuer la négociation. »

Cette note resta sans réponse jusqu'au 25 du mois, que LL. EE. les plénipotentiaires français marquerent par écrit au soussigné, « que, desirant l'entretenir sur l'objet de la derniere note qu'il leur avait adressée, ils l'engageaient à se rendre le lendemain au ministere de l'intérieur, où LL. EE. seraient réunies.

Le soussigné se dispense de faire aucune observation sur l'intervalle qui s'est écoulé entre l'envoi de la note du 11 et l'époque où l'on y a répondu, ainsi que sur la maniere dont on a évité d'entrer en matiere, par écrit, sur le contenu de cette note, suivant l'usage de tous les tems et de tous les pays, toutes les fois qu'il s'agit des affaires de cette importance. Il se borne à remarquer que, lorsqu'après un aussi long délai, et à la suite d'une invitation par écrit, le soussigné s'y est rendu dans l'espoir de recevoir enfin la décision du Gouvernement français sur le contenu de la note officielle du 11, la conférence n'a paru tendre de la part de LL. EE. les plénipotentiaires français, qu'à engager le soussigné à présenter le projet détaillé d'un traité.

Déjà dans la note du 11 août, le soussigné, conjointement avec le comte de Yarmouth, avait déclaré formellement que, jusqu'à ce que la France eût adopté la base telle que le gouvernement britannique la croyait avoir été proposée en premier lieu par elle, il ne lui était point permis d'entrer dans les détails de la négociation. Aussi, quand même le soussigné aurait pu s'oublier au point d'accéder à la proposition faite dans la dernière conférence par LL. EE. les plénipotentiaires français, non-seulement il aurait fallu pour cela qu'il abandonnât les seules conditions que ses instructions l'autorisent à admettre comme base de la négociation, mais qu'il s'exposât encore à une contradiction manifeste en présentant d'abord l'ensemble d'un projet de traité, dont les détails devaient résulter de la négociation même ; négociation que le soussigné avait déclaré ne pouvoir entamer que d'après une reconnaissance préalable de la base en question.

Dans cet état des choses, le soussigné, après avoir assisté, selon le desir de LL. EE. les plénipotentiaires français, aux conférences qu'elles lui ont proposées, après avoir mûrement réfléchi sur toutes les communications qu'il a reçues de LL. EE., et s'être ainsi pleinement convaincu que les vues actuelles du Gouvernement français sont fort éloignées de celles que S. M. Britannique a dû lui supposer ; enfin, que la continuation de la négociation actuelle ne pourra désormais avoir d'autre effet que celui d'entretenir, chez les deux peuples, un espoir qui ne saura être réalisé, le soussigné croit de son devoir de déclarer formellement à LL. EE. les plénipotentiaires français, la résolution où il est, conformément aux instructions de son souverain, de mettre un terme à sa mission. L'admission, par écrit, de la base si souvent mise en avant par le soussigné, pourra seule apporter du changement à cette détermination.

Signé, LAUDERDALE.

<h2 align="center">N^o. X X X.</h2>

Copie d'une note adressée par le Ministre des relations extérieures au comte de Lauderdale.

Le 4 septembre 1806.

Le soussigné ministre des relations extérieures, a mis sous les yeux de S. M. l'EMPEREUR, Roi d'ITA-

LIE , les notes successives de S. Ex. M. le ministre plénipotentiaire de S. M. britannique , en date du 9 août , du 10 , du 11 au matin , du 11 au soir , du 14 , du 22 et du 25 du même mois. Il a reçu l'ordre d'adresser à S. Ex. M. le comte de Lauderdale , relativement à ces diverses notes , la déclaration suivante.

Avant la nomination de lord Lauderdale , la négociation entre la France et l'Angleterre présentait tous les caracteres d'une discussion calme et modérée ; mais à son arrivée , elle sembla prendre tout-à-coup une direction inattendue, et S. M. l'EMPEREUR ne pût qu'être extrêmement surprise d'apprendre presque simultanément, et l'intervention d'un second plénipotentiaire de S. M. le roi d'Angleterre , et la demande formelle de passeports pour son retour.

Une seule conférence avait eu lieu ; la seconde n'était pas encore indiquée ; les visites que prescrivent les égards réciproques n'avaient pas été faites par le nouveau ministre plénipotentiaire de S. M. britannique , et cependant des demandes de passeports se renouvelaient d'heure en heure ; en vain les plénipotentiaires de S. M. l'EMPEREUR s'efforcerent-ils de se faire entendre ; en vain ils donnerent , en vain ils demanderent des explications ; ils n'éprouverent que le refus le plus persévérant d'écouter tout ce qui pouvait tendre à une conciliation.

Les ministres de S. M. l'EMPEREUR dûrent lui rendre compte des obstacles qu'ils rencontraient et des dégoûts qu'ils avaient à essuyer ; et S. M. jugeant des vues du plénipotentiaire de S. M. britannique par l'inconvenance des formes impérieuses , et on peut le dire , sauvages , qu'il n'avait pas craint d'adopter , dût voir avec évidence que la véritable intention de lord Lauderdale avait été de venir rompre précipitamment une négociation qui , dans son principe , annonçait une prompte et heureuse issue.

Toutefois S. M. voulant éprouver si en portant la modération jusqu'à l'extrême degré de l'impassibilité ,

bilité, le plénipotentiaire anglais ne se déterminerait pas à choisir des formes plus conciliantes, fit à l'amour de la paix le pénible sacrifice de tolérer que le ministre d'un gouvernement ennemi vînt affecter, au sein même de sa capitale, un ton de menace et de supériorité ; mais enfin les expressions contenues dans la sixieme note, l'ont obligé à reconnaître l'impossibilité de conclure une paix avec un plénipotentaire dont toutes les demandes sont des offenses, et toutes les démarches des traits d'hostilité, et le soussigné a reçu en conséquence l'ordre de remettre à S. Exc. lord Lauderdale les passeports qu'il a si persévéramment demandés.

Mais, en même tems, S. M. l'EMPEREUR et ROI a enjoint au soussigné de déclarer formellement qu'elle desire autant que cela dépend d'elle que la négociation ne soit qu'interrompue, et qu'elle soit continuée en tel lieu que ce soit, dans un véritable esprit de conciliation avec une franche et mutuelle disposition de s'entendre, et selon les usages et dans les formes convenues chez toutes les nations.

Jamais S. M. ne souffrira que ses ministres déferent à rien de ce qui pourra être contraire à sa dignité, et qui pourrait s'écarter des principes de la plus parfaite égalité entre les grandes puissances. Il est sans exemple dans l'histoire, et entre deux nations qui ne peuvent s'arroger aucun droit de supériorité que le plénipotentiaire de l'une ose dicter à l'autre les conditions et les formes d'une délibération, et tracer autour de lui le cercle de Popilius ; et c'est ce que n'a pas craint de faire le ministre de S. M. le roi d'Angleterre, comme si la paix n'était pas moins un besoin pour l'Angleterre que pour la France ; comme si les chances de la guerre étaient toutes contre la nation française, et que, seule, elle en dût supporter tous les maux.

Le soussigné a le regret d'avoir à déclarer à S. Exc. lord Lauderdale, que si effectivement sa mission a été de rompre la négociation déjà si avancée , s'il a voulu en faisant succéder au langage doux et conciliant qui avait rapproché les deux gouvernemens, le ton impérieux du reproche et de la menace , prolonger les calamités qu'il était dans son ministere de faire cesser, lord Lauderdale a la triste gloire d'être arrivé à son but : avantage , après tout , bien facile à obtenir ; car enfin la paix entre la France et l'Angleterre ne peut être que le résultat d'une négociation faite par des hommes qui sentent ce que chacune de ces deux nations doit à sa rivale , qui recherchent et facilitent , autant qu'il est en eux , les combinaisons et les calculs les plus propres à concilier des intérêts divergens , et qui attachent leur bonheur personnel et l'honneur de leur nom à terminer une lutte , dont la durée est un fléau , non-seulement pour les deux peuples , mais pour toutes les nations de l'Univers. Or , pour mettre obstacle à un tel bien , il suffit de rester insensible à la gloire d'y coopérer.

Le soussigné doit ici répéter ce qu'il écrivait le 2 juin à S. Exc. M. Fox. « Qu'on ne doit jamais se flatter d'imposer à la France ni des conditions de paix , ni un mode de négociations contraire aux usages. »

Le Gouvernement français continue d'adhérer en ce moment, comme il le faisait à cette époque, aux deux bases de négociation dont on est tombé d'accord de part et d'autre , savoir :

1°. Au principe tiré de la lettre de M. Fox, du 26 mars, que les deux Etats auront pour objet : « Que la paix soit honorable pour eux et leurs » alliés respectifs , en même tems que cette paix » sera de nature à assurer autant qu'ils le pourront » le repos futur de l'Europe. »

2°. Au principe qui établit : « Une reconnais-» sance en faveur de l'une et de l'autre puissance » de tout droit d'intervention et de garantie pour » les affaires continentales et pour les affaires » maritimes. »

Le soussigné a l'honneur de renouveller, etc.

Signé , Ch. M. Talleyrand , *prince de Bénévent.*

Nº X X X I.

Le soussigné plénipotentiaire de S. M. britannique a transmis sans délai, à sa cour, la communication qui lui fut faite par son Exc. le ministre des relations extérieures, jeudi 4 de ce mois, et il s'empresse maintenant de répondre à cette communication en intimant à son Exc. la marche que S. M. a jugé à propos de lui prescrire pour sa conduite dans les circonstances actuelles.

S. M. britannique toujours attentive au maintien des liaisons intimes, et de l'alliance qui subsistent entre S. M. et l'empereur de toutes les Russies, trouve naturellement dans la conduite récente de son illustre allié, et dans les témoignages qu'il vient de donner de l'intérêt qu'il prend au bien-être de la Grande-Bretagne, et au bonheur général de l'Europe, de nouveaux motifs pour ne séparer en aucun cas ses intérêts de ceux de la cour de Pétersbourg.

Cependant, S. M. ne prétend pas porter ce principe plus loin que ne l'a déjà dû faire le comte de Yarmouth, d'après les instructions de M. Fox, dans les communications de sa seigneurie avec le Gouvernement français. Rien n'empêche que les intérêts de la Grande-Bretagne et de la France ne soient traités séparément; seulement S. M. n'autorise pas le soussigné à signer un traité autrement que provisoirement; ce traité ne devant avoir son plein effet que dans le cas où la paix se ferait, entre ce fidele allié de la Grande-Bretagne et la France; c'est à ces conditions seulement que le soussigné est autorisé actuellement à négocier.

Le soussigné a ordre d'ajouter que S. M. britannique, parfaitement instruite du desir de la cour de Pétersbourg, pour la paix, sur des bases réciproquement honorables et avantageuses, et compatibles en même tems avec les intérêts de l'Europe, l'a autorisé à faire part aux plénipotentiaires français des conditions auxquelles la Russie (d'après la connaissance intime et entiere que possede S. M. britannique des intentions de cette cour), serait prête à négocier avec le Gouvernement français ; de les rédiger en forme de traité, dans le cas où elles seraient consenties de part et d'autre ; et d'insérer dans le traité provisionnel entre la Grande-Bretagne et la France, un article d'après lequel S. M. britannique s'engagerait à employer sa médiation pour obtenir l'accession de S. M. l'empereur de toutes les Russies à ce traité.

Le soussigné n'ignore pas que c'est aux plénipotentiaires français qu'il doit faire la communication officielle des conditions. En attendant, et pour la satisfaction de son Exc. le ministre des relations extérieures, il n'a aucune difficulté de lui dire, qu'elles seront en substance les mêmes qui ont déjà été communiquées à son Exc. par son Exc. le baron de Budberg.

Le soussigné attendra, avec une vive impatience, la réponse que son Exc. le ministre des relations extérieures voudra bien lui faire par écrit à cette communication. Il lui est d'autant plus essentiel de l'obtenir sous cette forme, que sa cour a remarqué sur ce, que les communications déjà faites par le soussigné, sont plusieurs fois restées sans réponse écrite.

Le soussigné a l'honneur de renouveller à son Exc. le ministre des relations extérieures, les assurances de sa haute considération.

LAUDERDALE.

Paris, ce 13 septembre 1806.

Nº XXXII.

Copie d'une note adressée à lord Lauderdale par S. Exc. le ministre des relations extérieures, le 18 septembre 1806.

Le soussigné ministre des relations extérieures à mis sous les yeux de S. M. l'EMPEREUR, ROI D'ITALIE, la note que S. Exc. milord comte de Lauderdale, ministre plénipotentiaire de S. M. britannique lui a fait l'honneur de lui adresser le 13 de ce mois.

S. M. l'Empereur et Roi voit avec peine que la négociation semble prendre chaque jour une direction rétrograde, et elle peut difficilement s'expliquer à quel but desire arriver le gouvernement anglais.

D'abord on a mis en avant, comme regles convenues, et l'on a voulu faire reconnaître des formes surannées, dont le texte et le fonds n'avaient jamais été admis ni même discutés par le Gouvernement français, et lorsque cette difficulté a paru écartée, et que MM. les plénipotentiaires français ont fait pressentir des sacrifices qui constatent de plus en plus les dispositions de leur Gouvernement pour la paix, on revient à des points antérieurs à la négociation, et l'on reproduit une question qui trois fois avait été décidée; d'abord par les pouvoirs donnés à M. d'Oubril, et dont MM. les plénipotentiaires de S. M. britannique ont eu connaissance depuis; par les pouvoirs que l'Angleterre avait donnés à milord comte d'Yarmouth, et enfin pour la troisieme fois par ceux de milord comte de Lauderdale. Il était, ce semble, permis de penser qu'une discussion terminée avant les premieres conférences de MM. les négociateurs, et décidée même par le fait seul de leur négociation, ne se représenterait plus.

Toutefois S. M. l'Empereur, voulant donner une nouvelle preuve de ses constantes dispositions pour le rétablissement de la paix, adhere à la proposition suivante : "Que les négociations entre la France et l'Angleterre continueront, et que le ministre plénipotentiaire de S. M. le roi de la Grande-Bretagne pourra introduire dans le traité, soit comme article patent, soit comme article secret, soit dans toute autre forme qui remplirait le même but, tout ce qu'il croira utile pour concilier les différends qui existent entre la France et la Russie, et pour la faire participer aux bienfaits de la paix; bien entendu qu'on n'admettra que des propositions respectivement honorables, et ne portant aucune atteinte à la puissance réelle, à la dignité des deux Empires, et qu'on ne verra plus reproduire les propositions étranges que M. de Novosiltzoff avait eu à faire de la part de la Russie, et qui, ayant signalé l'origine d'une coalition vaincue et confondue dès sa naissance, doivent être oubliées avec elle. Il est des propositions qui n'étant que le résultat d'une aveugle confiance et d'une espece d'enivrement, et n'étant fondées ni sur la force réelle des Etats, ni sur leur situation géographique, sont privées de tout caractere pacifique, et portent avec elles leur réprobation.

La France ne doit abandonner ni les intérêts de l'Empire ottoman, ni une position qui la mette à portée de soutenir cet Empire contre les aggressions dont la Russie le menace ouvertement ; mais tous ces objets destinés à entrer dans les dispositions du traité, devant être réservés pour la discussion, le soussigné ne cherchera pas à anticiper sur les résultats qu'elle doit avoir.

Si, depuis les changemens survenus dans le cabinet de S. M. britannique, on continue en Angleterre à vouloir la paix, la paix peut se faire et se faire promptement. L'Empereur ne s'arrêtera point à quelques sacrifices pour l'accélérer et la rendre durable ; mais si les dispositions pour la paix avaient changé à Londres, si les vues sages et libérales, développées dans les premieres communications qui ont eu lieu avec l'illustre ministre que regrettent les deux nations, ne prévalaient plus, une discussion vague, des prétentions immodérées et des propositions ambiguës s'écartant du ton de franchise et de noblesse nécessaire pour conduire à un rapprochement véritable, ne feraient qu'aigrir davantage, et seraient indignes des deux peuples.

La France ne prétend donner la loi ni à la Russie ni à l'Angleterre ; mais elle ne veut la recevoir ni de l'Angleterre ni de la Russie. Que les conditions soient égales, justes, modérées, la paix est faite ; mais si l'on se montre impérieux, exagéré, si on affecte la suprématie, si enfin on veut dicter la paix, l'Empereur et le Peuple français ne releveront pas même ces propositions. Confians en eux-

mêmes, ils diront ce qu'un ancien peuple répondit
à ses ennemis : « Vous demandez nos armes, venez
» les prendre. »

Le soussigné a l'honneur de renouveller, etc.

Signé, Ch. M. Talleyrand, *Prince
de Bénévent.*

N^o. X X X I I I.

Le soussigné plénipotentiaire de S. M. le roi de
la Grande-Bretagne (en répondant à la note officielle de S. Exc. le ministre des relations extérieures, en date du 13 de ce mois, qui lui a été remise aujourd'hui), commence par observer que
c'est à dessein qu'il s'abstient autant qu'il est possible, de toute remarque sur des points qui pourront s'y trouver énoncés, mais qui sont étrangers à
l'objet immédiatement en question. Il évitera par
ce moyen des discussions qui seraient de nature à
lui faire oublier le ton et la mesure que lui pres-
crit son devoir dans tout le cours de sa mission.
Cette conduite est aussi la seule conforme à cet
amour de la paix, qui caractérise toutes les démarches du roi son maître.

Lorsque le soussigné se représente qu'il est venu
à Paris, autorisé à faire la paix sur des conditions
censées proposées par la France ; que malgré le
refus de S, M. I. de toutes les Russies de ratifier
le traité signé par M. d'Oubril, et les avantages
éclatans obtenus par les armes de S. M. dans
l'Amérique espagnole ; il s'est vu à même de donner (ainsi qu'il a eu l'honneur de le faire) à S. E.
le ministre des relations extérieures, des assurances que les demandes de sa cour en sa propre
faveur, n'en seraient pas essentiellement augmen-
tées ; le soussigné a dû être surpris de voir que l'on
veuille supposer à son gouvernement l'intention de
se montrer impérieux, exagéré. Il ne l'est pas
moins de ce qu'en répondant à une note dans laquelle il avait eu l'honneur d'expliquer distincte-
ment à S. Exc. que c'était sur les conditions énon-
cées par S. E. le baron de Budberg, que l'on insis-
tait en faveur de la Russie, S. Exc. ait cru devoir

marquer du sceau de réprobation des conditions proposées dans des circonstances totalement différentes , par M. Novosiltzoff , et la nature desquelles le soussigné se trouve par le fait entiérement ignorer.

Toutefois , après s'être expliqué comme l'a fait le soussigné vis-à-vis de son Exc. le ministre des relations extérieures , et lui avoir fait entendre qu'il n'est autorisé à traiter que de maniere à s'assurer de ce que la paix avec la Grande-Bretagne et la Russie se fera au même moment , et après avoir reçu , dans la note officielle d'hier , l'assurance que le Gouvernement français ne se refuse point à l'admission d'un article qui aura pour but de pourvoir à cet objet indispensable , le soussigné n'a aucune difficulté à reprendre les conférences avec LL. EE. les plénipotentiaires français , dès que leurs Exc. auront été autorisées à cet effet.

. Le soussigné a l'honneur de renouveller à son Exc. le ministre des relations extérieures , l'assurance de sa haute considération.

LAUDERDALE.

Paris , ce 19 septembre 1806.

N° X X X I V.

Paris , ce 22 septembre 1806.

Mylord ,

J'ai l'honneur de vous informer que S. M. ayant jugé utile à son service de retenir près de sa personne M. le général Clarke , pendant le cours d'un voyage qu'elle est sur le point d'entreprendre , M. de Champagny sera désormais chargé de suivre seul la négociation commencée avec V. Exc. J'ai fait connaître les intentions de S. M. à ce ministre qui a l'ordre de s'entendre avec vous , pour que le cours des conférences et de la correspondance des deux légations n'éprouve aucune interruption. Je dois en même tems vous annoncer qu'étant moi-même destiné à suivre S. M. , je ne continuerai pas moins de correspondre avec V. Exc. ; l'ordre général du service étant tel que toutes les dépêches de mon ministère me seront journellement et régulièrement adressées.

Je prie V. Exc. d'agréer l'assurance de ma haute considération.

Signé Ch. M. Talleyrand , *prince de Bénévent.*

N^o X X X V.

Paris, le 22 septembre 1806.

Monsieur ,

J'ai l'honneur d'accuser la réception de la lettre de V. E. en date d'aujourd'hui , par laquelle elle me donne l'avis que M. de Champagny sera désormais chargé de suivre seul la négociation avec moi , et que ce ministre a ordre de s'entendre avec moi pour que le cours des conférences et de la correspondance n'éprouve aucune interruption.

En remerciant V. Exc. de cette communication , j'ai l'honneur de lui observer qu'il n'est pas moins essentiel de pourvoir, comme V. Exc. le fera sans doute avant son départ, à ce que la communication par courrier avec mon gouvernement me soit assurée pendant votre absence , sans délai ou empêchement quelconque , ainsi qu'il s'est pratiqué depuis mon arrivée ici. Il ne peut échapper à V. Exc. combien il serait impossible de vous faire parvenir à tems les demandes que j'ai occasion de faire à ce sujet , à mesure que le besoin en naît ; et je la prie en conséquence de vouloir bien m'indiquer la personne à laquelle je dois m'adresser pour cet objet pendant son absence.

Si l'envoi des journaux anglais à V. Exc., à mesure qu'ils arrivent , pouvait lui être agréable , j'aurai l'honneur de le continuer ainsi que par le passé.

Je prie V. Exc. d'agréer les assurances de ma haute considération.

Lauderdale.

N°. X X X X V I.

24 septembre 1806.

Mylord,

J'ai l'honneur de vous informer que j'ai pris
les ordres de S. M. sur l'objet de la lettre que
V. Exc. m'a fait l'honneur de m'écrire sous la
date du 22 septembre, et qu'elle a immédiatement
autorisé M. de Champagny son ministre plénipotentiaire, de vous délivrer tous les passeports qui
seront nécessaires à V. Exc. pour assurer la régu-
larité et la célérité de ses communications avec le
ministere de S. M. Britannique.

J'ai l'honneur de renouveler à V. Exc. etc.
Signé, Ch. M. TALLEYRAND, *prince de Bénévent.*

N°. X X X V I I.

Paris, 26 Septembre 1806.

Monsieur,

Je ne perds pas un moment à faire connaître à
V. Exc., que le résultat de la conférence que j'ai
eue aujourd'hui avec S. E. M. de Champagny, ne
me laisse malheureusemant aucun espoir de pouvoir amener les négociations de la part de la
Grande-Bretagne et de la Russie à un issue favorable.

Dans cet état des choses, et d'après mes instructions, il ne me reste d'autre parti à prendre
que de m'adresser à V. Exc. pour les passeports
nécessaires, afin que je puisse retourner auprès de
mon souverain.

En faisant ainsi cette demande à V. Exc., je ne
saurais me refuser au plaisir que je ressens à té-
moigner ma reconnaissance de toutes les attentions
personnelles, que V. Exc. a bien voulu me marquer pendant mon séjour à Paris, et à exprimer
en même tems les sentimens d'estime que j'ai toujours ressentis, et que je ressentirai dans tous les
tems pour V. Exc.

Je la prie d'agréer l'assurance de ma haute considération.

LAUDERDALE.

N°. XXXVIII.

A S. Exc. mylord comte de Lauderdale.

Mayence , 30 septembre 1806.

Le soussigné ministre des relations extérieures a mis sous les yeux de S. M. l'Empereur, Roi d'Italie, la note que S. Exc. milord comte de Lauderdale , ministre plénipotentiaire de S. M. britannique , lui a fait l'honneur de lui adresser le 26 de ce mois.

S. M. , après s'être prêtée , dans le desir de la paix , à toutes les propositions qui auraient pu la rendre durable et respectivement utile aux deux puissances contractantes et à leurs alliés , verra avec peine la rupture d'une négociation dont ses dispositions personnelles lui avaient fait espérer d'autres résultats. Si le cabinet anglais veut renoncer à la perspective de la paix , si son ministre plénipotentiaire doit quitter la France , S. M. se flatte cependant que le cabinet anglais et lord Lauderdale , lorsqu'ils mesureront l'étendue des sacrifices qu'elle était disposée à faire , pour avancer le retour d'une sincère réconciliation , auront la conviction intime que S. M. voulait , pour le bonheur du Monde , ne mettre en balance aucun avantage avec ceux de la paix , et que l'intention d'en assurer les bienfaits à ses peuples , pouvait seule décider son cœur paternel à des sacrifices non - seulement d'amour - propre , mais de puissance , plus considérables que ne l'aurait indiqué l'opinion même du peuple anglais , au milieu d'une guerre où il aurait obtenu , sans aucun mélange de revers , de constans avantages.

Toutefois s'il était dans la destinée de l'Empereur et du Peuple français de vivre encore au milieu des guerres et des orages que la politique et l'influence de l'Angleterre auraient suscités , S. M. , après avoir tout fait pour mettre un terme aux maux de la guerre , se voyant déçue dans ses plus cheres espérances , compte sur la justice de sa cause , sur le courage , l'amour , la puissance de ses peuples.

Mais se rappelant encore les dispositions qu'elle avait toujours exprimées dans le cours de la négociation, S. M. ne peut voir qu'avec regret que l'Angleterre, qui pouvait illustrer et affermir sa vaste puissance par le bienfait de la paix, dont le besoin se fait sentir à la génération actuelle et au peuple anglais comme à tous les autres, en laisse volontairement échapper la plus belle occasion. L'avenir fera connaître si une coalition nouvelle sera plus contraire à la France que les trois premieres : l'avenir dévoilera si ceux qui se plaignent de la grandeur et de l'ambition de la France, n'ont pas à imputer à leur haine, à leur injustice, et la grandeur et l'ambition dont ils l'accusent. La France ne s'est agrandie que par les efforts renouvellés tant de fois pour l'opprimer.

Néanmoins, quelles que soient les inductions qu'on puisse tirer pour l'avenir des exemples du passé, S. M. sera prête, si les négociations avec l'Angleterre doivent être interrompues, à les reprendre, au milieu de toutes les chances des événemens : elle sera prête à les rétablir sur les bases posées de concert avec l'illustre ministre que l'Angleterre a perdu, et qui, n'ayant plus rien à ajouter à sa gloire que le rapprochement des deux peuples, en avait conçu l'espérance, et a été enlevé au Monde au milieu de son ouvrage.

Le soussigné a l'honneur de prévenir S. Exc. milord comte de Lauderdale, que M. de Champagny a été autorisé à lui délivrer les passeports qu'il a demandés, Il saisit avec empressement l'occasion de lui renouveller les assurances de sa haute considération.

Signé, CH. M. TALLEYRAND, *prince de Bénévent.*

PIECES ACCESSOIRES.

N°. XXXIX.

Pleins-pouvoirs de M. d'Oubril.

Nous Alexandre Ier, empereur et autocrate de toutes les Russies, etc. etc. etc. (Suit le titre entier de S. M.)

Portant constamment notre sollicitude à la conservation en Europe du calme et de la tranquillité, et étant mûs par un desir sincere de mettre fin à la mésintelligence et de rétablir la bonne harmonie avec la France sur des bases solides, nous avons jugé bon de commettre ce soin à une personne jouissant de notre confiance. A cet effet, nous avons choisi, nommé et autorisé notre amé et féal Pierre Oubril, notre conseiller d'Etat et chevalier des Ordres de Saint-Wolodimir de la troisieme classe, de Sainte-Anne de la seconde et de Saint-Jean-de-Jérusalem, comme nous le choisissons, nommons et autorisons par les présentes, à l'effet d'atteindre ce but, d'entrer en pourparlers avec celui ou ceux qui y seront suffisamment autorisés de la part du Gouvernement français, de conclure et signer avec eux un acte ou convention sur des bases propres à affermir la paix qui sera rétablie entre la Russie et la France, comme à la préparer entre les autres puissances belligérantes de l'Europe.

Promettons sur notre parole impériale, d'avoir pour bon, et d'exécuter fidellement tout ce qui aura été arrêté et signé par notredit plénipotentiaire; de même de donner notre ratification impériale dans le terme auquel elle aura été promise.

En foi de quoi nous avons signé ce plein-pouvoir et y avons fait apposer le sceau de notre Empire.

Donné à Saint-Pétersbourg, le 30 avril 1806, et de notre regne la sixieme année.

Signé, ALEXANDRE.

Contresigné, prince ADAM CZARTORYSKI.

Certifié pour traduction conforme à l'original,

PIERRE D'OUBRIL.

X L.

Copie du traité de paix conclu à Paris, le $\frac{20}{8}$ juillet 1806, entre S. M. l'EMPEREUR DES FRANÇAIS, ROI D'ITALIE, et S. M. l'empereur de toutes les Russies.

S. M. l'EMPEREUR DES FRANÇAIS, ROI D'ITALIE, et S. M. l'empereur de toutes les Russies voulant arrêter l'effusion du sang occasionnée par la guerre qui a lieu entre leurs États et sujets respectifs, et voulant en outre contribuer mutuellement autant qu'il est en elles à la pacification générale de l'Europe, ont résolu de conclure un traité de paix définitif, et ont nommé en conséquence pour plénipotentiaires, savoir :

S. M. l'Empereur des Français, Roi d'Italie, M. Henri-Jacques-Guillaume Clarke, général de division, conseiller-d'état et secrétaire du cabinet, grand-officier de la Légion-d'honneur,

Et S. M. l'empereur de toutes les Russies, M. Pierre d'Oubril, son conseiller-d'état et chevalier des ordres de Saint-Wolodimir de la troisieme classe, de Sainte-Anne de la seconde, et de Saint-Jean de Jérusalem ;

Lesquels, après avoir échangé leurs pleins-pouvoirs, sont convenus des articles ci-après :

Art. Ier Il y aura, à compter de ce jour, paix et amitié à perpétuité entre S. M. l'Empereur des Français, Roi d'Italie, et S. M. l'empereur de toutes les Russies, leurs héritiers et successeurs, leurs États et sujets respectifs.

II. En conséquence de l'article Ier, les hostilités entre les deux nations cesseront dès à présent de toutes parts, tant sur terre que sur mer.

Les ordres nécessaires pour cette cessation seront expédiés dans les vingt-quatre heures qui suivront la signature du présent traité. Tous les bâtimens de guerre ou autres appartenant à l'une des deux puissances ou à leurs sujets respectifs, et qui seront pris dans quelque partie du Monde que ce soit, après la signature du présent traité définitif, seront restitués.

III. Les troupes russes remettront aux troupes françaises le territoire connu sous le nom de Bouches du Cattaro, qui appartient, ainsi que la Dalmatie à S. M. l'Empereur des Français, comme Roi d'Italie, en vertu de l'article IV du traité de Presbourg.

Les troupes russes auront toutes les facilités convenables pour évacuer soit les Bouches du Cattaro, soit les territoires de Raguse, de Monténégro et de la Dalmatie, si les circonstances de la guerre les avaient engagées à y entrer.

Au moment même de la signification du présent traité, les commandans respectifs de terre et de mer s'entendront mutuellement, soit pour l'évacuation, soit pour la remise des pays désignés au présent traité.

D'une autre part, les troupes françaises évacueraient également le territoire-turc de Monténégro, si les circonstances de la guerre les y avaient conduites.

IV. S. M. l'Empereur des Français, Roi d'Italie consent, d'après la demande de S. M. l'empereur de toutes les Russies, et par égard pour elle :

1° A rendre à la république de Raguse son indépendance, afin qu'elle en jouisse comme par le passé, sous la garantie de la Porte Ottomane.

Les Français garderont la position de Stagno sur la presqu'ile de Sabioncello, afin d'assurer leurs communications avec Cattaro.

2° A cesser toute hostilité contre les Monténégrins, à compter de la date du présent traité, tant qu'ils vivront paisiblement et en sujets de la Porte. Ils devront se retirer sans délai dans leur pays, et S. M. l'Empereur Napoléon promet de ne les inquiéter ni rechercher pour la part qu'ils peuvent avoir prise aux hostilités commises dans l'Etat de Raguse et dans les contrées adjacentes.

V. L'indépendance des Sept-Isles est reconnue par les deux puissances.

Les troupes russes actuellement dans la Méditerranée se retireront aux Sept-Isles. S. M. l'empereur de toutes les Russies, dans l'intention de donner de nouvelles preuves de ses vœux sinceres pour la paix, n'y entretiendra pas au-delà de quatre mille hommes de ses troupes qu'elle retirera lorsqu'elle le jugera convenable.

VI. L'indépendance de la Porte Ottomane est réciproquement promise, et les deux hautes parties contractantes s'engagent mutuellement à la maintenir ainsi que l'intégrité de son territoire.

VII. Aussitôt que l'ordre pour l'évacuation des Bouches du Cattaro sera parti en conséquence du traité de paix définitif, toutes raisons de guerre ayant cessé par suite de ce traité, les troupes françaises évacueront l'Allemagne. S. M. l'Empereur Napoléon déclare que dans trois mois au plus tard, à dater de la signature du présent traité, toutes ses troupes seront rentrées sur le territoire français.

VIII. Les deux hautes parties contractantes s'engagent à réunir leurs bons offices pour faire cesser, le plus tôt possible, l'état de guerre entre la Prusse et la Suède.

IX. Les deux hautes parties contractantes voulant faciliter, autant qu'il est en elles, le retour de la paix maritime, S. M. l'Empereur des Français, roi d'Italie, verra avec plaisir les bons offices de S. M. l'empereur de toutes les Russies pour cet objet.

X. Les relations de commerce entre les sujets des deux empires seront rétablies dans l'état où elles étaient avant l'époque de la mésintelligence qui les a troublées et interrompues.

XI. Les prisonniers des deux nations seront remis en masse aux agens de leur gouvernement, aussitôt après l'échange des ratifications.

XII. Le rétablissement des légations respectives et du cérémonial entre les deux hautes parties contractantes aura lieu en conformité de ce qui était d'usage avant la guerre.

XIII. Les ratifications du présent traité seront échangées dans vingt-cinq jours à Pétersbourg par des personnes duement autorisées à cet effet, de part et d'autre.

Fait et signé à Paris, le $\frac{20}{8}$ juillet 1806.

Signés Clarke, Pierre d'Oubril.

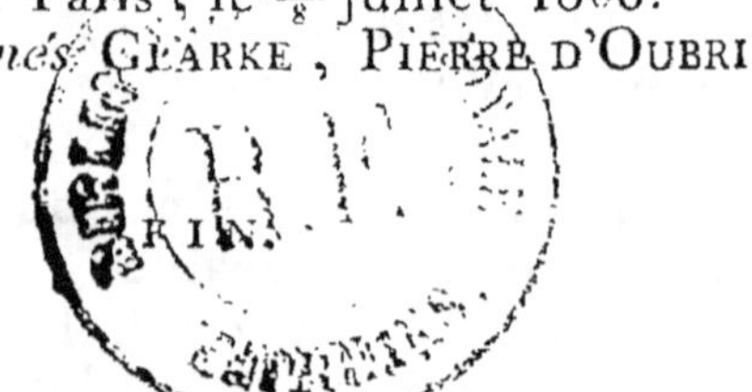

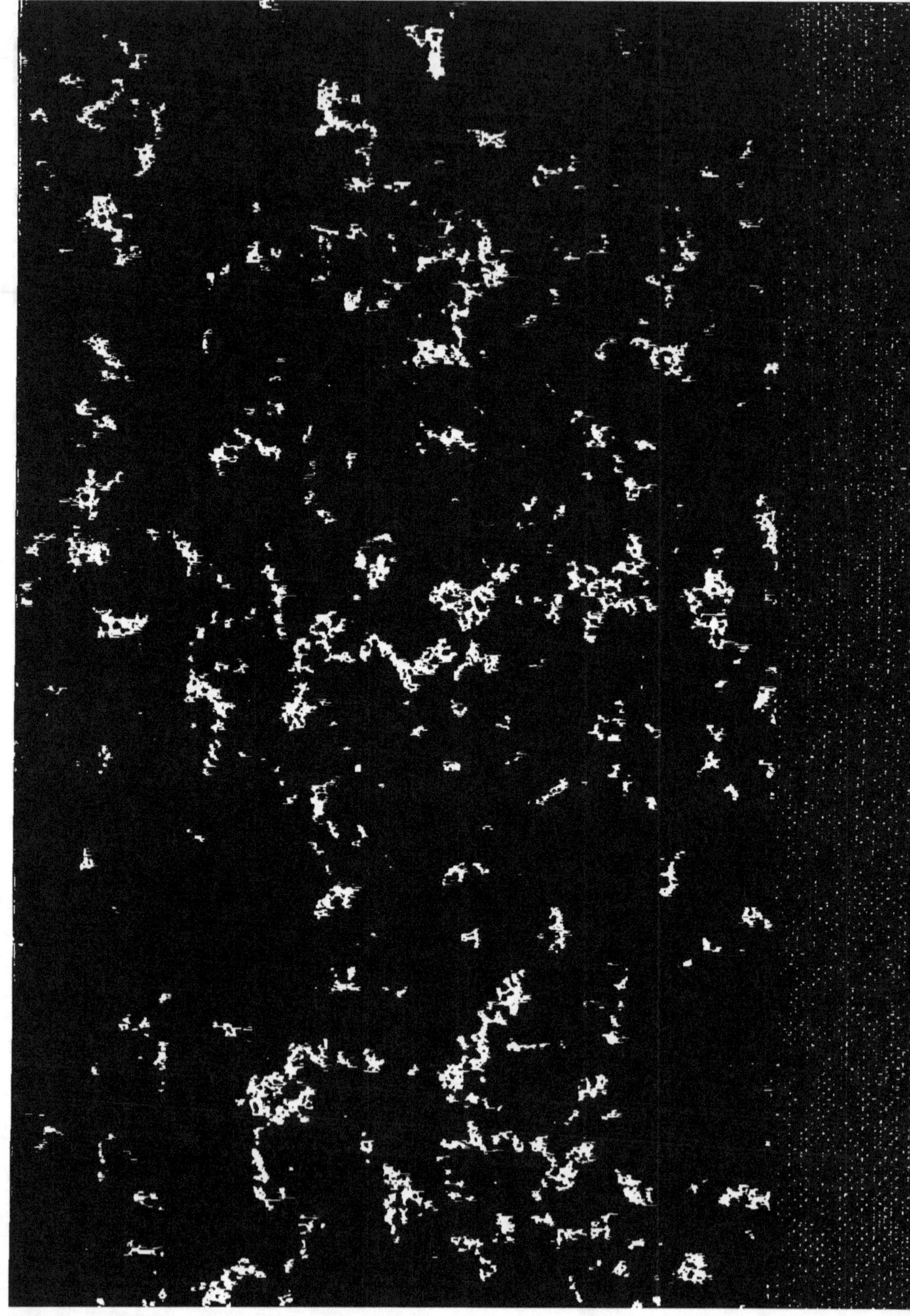